어떤 개발자가 살아남는가

인문학,
AI를 이기는 소프트웨어

어떤 개발자가 살아 남는가

인문학, AI를 이기는 소프트웨어

이경종 지음

미래의 개발자는 두 부류로 나뉠 것이다.

프로그래밍을 하는 자가 될 것인가?
프로그래밍을 당하는 자가 될 것인가?

이 땅 위의 모든 인간 개발자에게 이 책을 바칩니다.

이경종

20년째 소프트웨어 개발자로 살고 있다. 임베디드 소프트웨어와 리눅스 분야의 전문가다. 고려대학교에서 전자공학을, 카이스트 소프트웨어 대학원에서 소프트웨어 공학을 공부했다.

첫 직장이었던 삼성전자에서 소프트웨어 개발자로 일하던 중 더 큰 도전을 위해 벤처기업에 합류했으나 회사가 어려워지면서 10여 년간 정체된 삶을 살았다. 소프트웨어 개발자로서의 삶에 대한 고뇌와 지독한 불면증으로 3년을 내리 고생하다 책과 인문학에서 비로소 구원을 찾았다. 매해 100권이 넘는 책을 읽고 끊임없이 글을 씀으로써 스스로를 일으켜 세웠다.

2018년부터 구본형 변화경영연구소 연구원으로 활동하며 소프트웨어 개발에 인문학을 융합하고자 하는 꿈을 키웠고, 현재는 AI와 머신비전에 기반한 첨단 스포츠센서를 개발하는 (주)크리에이츠의 센서 개발 소프트웨어팀을 이끌고 있다. 또한 변화경영연구소에서 발행하는 '마음편지' 필진으로 활동하며 인문학에 대한 탐구를 이어가고 있다. 저서로는 『개발자 오디세이아로드북, 2020』이 있다.

인문학적 깨달음과 실천이 더 좋은 소프트웨어를 만들게 한다는 신념을 가지고 있다.

이 책은 실용서가 아닙니다. 인공지능^AI에 대한 전문 기술이나 실용적 지식을 다루지 않습니다. 소프트웨어 개발을 다루고 프로그래밍과 코딩에 대해 이야기하지만 어떠한 프로그래밍 테크닉이나 기술적 지식을 다루지 않습니다.

또한 이 책은 정통 인문 도서가 아닙니다. 인문학의 필요성을 이야기하지만 인문학 자체에 대한 깊이 있는 지식까지는 제공하지 않습니다.

이 책은 AI로 대변되는 기술 편향의 시대를 헤쳐 나가기 위한 방도로 인문학을 이야기합니다. 소프트웨어 개발 실무의 단편적인 부분보다 전체를 볼 수 있는 통섭과 통찰의 가치를 이야기합니다.

인문학은 답을 제시해 주는 학문이 아닙니다. 기술은 답을 찾지만 인문학은 질문을 찾습니다. 이 책 어디에서도 당장 소프트웨어 개발에 적용할 수 있는 정답은 없습니다. 독자 여러분이 책을 읽다가 잠시 덮고 스스로에게 던지는 질문을 만들어 낼 수 있다면 이 책은 그 본분을 다한 것입니다. 정성껏 써 내려간 제 생각의 씨앗이 여러분 안에서 발아하여 더 커다란 통찰의 열매로 자라나기를 기대합니다.

1장.
AI의 시대, 우리는 어디에 있는가

AI로 상징되는 첨단 기술 시대에 소프트웨어 개발자의 위치는 어디쯤에 있는지 살펴봅니다. AI와 기술의 홍수 속에 IT의 첨병인 소프트웨어 개발자들의 입지 또한 흔들리고 있습니다. 우리가 찾아야 할 활로는 과거 새로운 패러다임을 만들어낸 기술들을 창조했던 프로메테우스 개발자들의 발자취 속에 있습니다. 그 시작과 끝은 사람을 향하고 있습니다. 기술이 아닌 그 기술을 사용하는 사람을 보는 것이 인문학입니다.

과거로부터 과학/기술과 예술/인문의 융합이 인류에게 더 큰 진보를 가져다 주었습니다. 기술과 인문학의 크로스오버가 세상을 바꾸어 온 것입니다. 이것이 '르네상스'입니다. 기술이 더 고도화되고 시대가 불확실해질수록 우리는 인간의 본질, 즉 인문학에 눈을 돌려야 합니다.

현재 각광을 받고 있는 메타버스에 대해서도 살펴봅니다. 코로나로 인한 뉴노멀 시대가 도래하면서 메타버스와 같은 언택트 테크놀로지는 우리 곁에 한발 더 다가온 상태입니다. 메타버스는 AI를 포함한 첨단 기술의 무대입니다. 메타버스는 디지털의 집합이지만 그 너머에는 사람이 있습니다. 이런 속성들을 잘 이해하고 접근한다면 메타버스는 기회의 장이 될 수 있습니다.

2장.
알고리즘 vs 데이터 그리고 창조력 코드

AI 시대를 만들어낸 소프트웨어의 핵심 구성 요소와 그 원류^시^{작점}에 대해 살펴봅니다. 알고리즘과 데이터는 AI와 소프트웨어에 있어 가장 본질적인 요소들입니다. 무無에서 만들어진 디지털 창조물 같아 보이지만 실상 그 원류는 자연에 있습니다. 프로메테우스가 진흙과 물로 인간을 빚어냈듯이 인간의 창조력은 자연으로부터 AI를 만들어 냈습니다. 창조와 통섭의 길이 AI의 시대에 우리가 나아가야 할 활로입니다. 인간 세상에서 무無로부터의 창조는 일어나지 않습니다. 창조는 사소한 모방으로부터 시작합니다. 원류를 이해하는 힘이 또 다른 원류를 만들어낼 수 있습니다.

3장.
누가(Subject) 무엇을(Object) 어떻게(Project) 해야 하는가

인간 개발자가 AI와 차별화할 수 있는 것들에 대해 이야기합니다. 일의 우선순위를 정하고 그것을 조율하는 일은 알고리즘과 논리만으로는 불가능합니다. 시시각각 상황이 변하는 만큼 일의 경중과 가치 또한 변하기 때문입니다. 누가, 무엇을, 어떻게 해야 하는가에 대한 판단은 오직 인간만이 내릴 수 있습니다.

또한, AI의 효용 우선주의가 가지고 있는 한계에 대해 살펴보고 인간의 소프트웨어 개발이 AI가 추구하는 효용의 극대화에 맞서 어떻게 우위를 가질 수 있는지 이야기합니다.

4장.
지속적인 개선 – Upgradable Software

개선의 가치에 대해 이야기합니다. 업그레이드는 소프트웨어에만 필요한 것이 아니라 소프트웨어를 만드는 개발자들에게도 필요합니다. 지속적이며 점진적인 개선이 필요합니다. 깊은 배움 Deep Learning은 AI의 전유물이 아니라 본디 인간의 것입니다. 소프트웨어 개발에 있어 어떤 배움의 자세를 가져야 하며 소프트웨어 개발자로 성장하기 위해서는 어떤 길을 가야 하는지 진지한 고민이 필요합니다.

5장.
팀워크 – 함께 만드는 소프트웨어

함께 만드는 소프트웨어, 즉 팀워크와 협업에 대해 다룹니다. 플랫폼과 프로세스는 소프트웨어를 만들기 위한 바탕이 되므로 그 중요성을 간과해서는 안 됩니다. 소프트웨어를 개발함에 있어 우리가 신경 써야 하는 것은 기계가 아닌 사람, 즉 팀원과 동료 개발자들입니다. 기계를 위한 코드가 아닌 인간을 위한 코드가 필요합니다. 자신에게는 엄격하되 다른 이들은 배려해야 합니다. 이것이 성공하는 소프트웨어 개발을 위한 소통의 자세입니다. 차갑기만 한 AI와 기계보다 인간 개발자가 필요한 이유이기도 합니다. 이 지점에서 우분투로 대변되는 소프트웨어 공유와 자유 정신에 대해 생각해 볼 필요가 있습니다. 마지막으로, 더 좋은 소프트웨어 개발팀을 만들기 위해 필요한 것들에 대해 이야기합니다.

AI가 인간을 대체하는 시대가 오고 있습니다. 머지않아 소프트
웨어 개발까지 AI가 하게 된다면 우리 개발자들은 어떻게 해야
할까요?

이 책은 그저 AI 시대에 개발자로 살아남기 위한 방법만을 알려
주는 책이 아닙니다. 인류의 경험이 집약된 인문학을 인유하여 새
로운 문제로의 접근 방법을 안내합니다. 기술은 항상 변하지만,
인문학에 기반한 고유의 가치는 변하지 않습니다. 이 책은 격변
하는 시대에 흔들리지 않는 개발자의 마인드셋을 갖출 수 있도록
도와줄 것입니다.

김남호_신한은행 데이터 사이언티스트

인문학적 사고를 하며 개발하는 것과 인문학적 사고를 하지 않
으며 개발하는 것은, 처음은 비슷할지 몰라도 그 결과는 엄청난
차이가 있습니다. 이 책은 인문학적 자료와 예시를 통해 어떤 식
으로 생각해야 하는지 그 길을 알려주고 자기 자신에게 깊은 질
문을 던지게 합니다.

어떠한 서비스든 결국 '사람'이 만들고 이용하는 주체 역시 '사람'
입니다. 더 나은 소프트웨어를 개발하고 싶은 분 그리고 인간적으
로 사고하고 논리적인 결과를 내고자 하는 분들에게 이 책을 추
천합니다.

김현하_헬스케어 서비스 개발자

개발을 잘한다는 것이 과연 개발 언어를 잘 다루는 것을 의미할까? 프레임워크라는 울타리 안에서 규칙대로 움직이는 것이 프로그래머일까? 그러면 우리는 어떤 프로그래머가 되어야 하는가?

이 책은 '개발자'라는 타이틀로 이 시대를 살아가는 모든 분에게 위와 같은 질문을 던집니다. 이 책에서 소개하는 다양한 역사적 사건, 그에 대한 고찰 그리고 여러 책의 인용 문구는 저자가 전하고자 하는 메시지에 공감대를 불어넣었습니다. 또한 고대와 중세부터 21세기의 메타버스까지 전체적인 흐름을 저자만의 이야기로 풀어냅니다.

SW 엔지니어 분들이 개발 관련 서적만을 찾아보지 않고, 이 책을 통해 개발의 거시적인 방향성과 개발을 넘어 인생을 살아가는 인문학적 소양을 생각해 볼 기회를 가지길 바랍니다.

박찬웅_SW 개발자

인공지능 개발자를 꿈꾸며 공부하고 연구실에서 학부 연구생도 하다가 소프트웨어 개발이 적성에 더 맞다는 것을 깨닫고 현재는 백엔드 개발 공부를 하고 있습니다. '그래도 내가 재밌어하는 것을 해야지!'라며 당차게 그만두었지만 막상 다시 공부를 시작하려니 여러 가지 걱정과 두려움이 있었습니다. 그러던 와중 이 책을 만났고, 저의 고민거리를 풀어나갈 방향을 깨우침과 동시에 제 마음속 걱정이 씻겨 나갔습니다.

이 책은 AI 시대 속에서, 아니 AI 시대가 아니더라도 '소프트웨어 개발자'라면 꼭 생각해야 할 것들을 알려줍니다. 이미 개발자로 오래 일하신 분들 뿐만 아니라 시니어 개발자 분들 모두에게 추천합니다.

조영래_세종대학교 컴퓨터공학과

AI를 이기는 개발자 인문학

미래의 인간은 두 부류로 나뉠 것이다.
그 둘은 프로그래밍을 하는 사람들과 프로그래밍을 당하는 사람들이다.

체코의 철학자, 빌렘 플루세르

체코 출신의 철학자 빌렘 플루세르가 한 말입니다. 소프트웨어 개발자들이 듣기에 솔깃한 말일 수도 있겠네요. '그래, 난 프로그래머지?' 괜히 어깨가 으쓱해질지도 모르겠습니다. 하지만 좀 더 생각해 보죠. 개발자는 프로그래밍을 하지만, 대부분 정해진 프레임 안에 갇혀 있습니다. 누군가가 앞서 프로그래밍해 놓은 도구를 그저 사용하고 있을 뿐입니다. 대부분의 개발자가 이미 만들어진 환경 안에서 주어진 방법론과 도구들을 사용해서 프로그램 코드를 만들어 냅니다. 그런 관점에서 본다면 개발자들은 프로그래밍을 하는 사람일까요, 아니면 프로그래밍을 당하는 사람일까요? 물론 비약이 지나친 것인지도 모릅니다.

프로그래밍은 새로운 규칙을 만드는 것입니다. 지배자는 룰을 만들고, 피지배자는 룰을 따라야 합니다. 동물은 자연이 만들어 놓은 규칙을 따르면 됩니다. 인간은 다른 인간이 만들어 놓은 규칙 안에서 살아갑니다. 만약 인공지능이 인간을 지배한다면 인공지능이 만든 규칙은 인간 세계의 규칙과는 다를 겁니다. 영화 <매트

릭스>에 나오는 매트릭스의 지배를 받는 인간과 그렇지 않은 인간이 연상될 수밖에 없네요.

이 시대를 지배하는 보이지 않는 규칙은 미디어^{Media}와 테크놀로지^{Technology}입니다. 오늘날 미디어의 핵심은 영상 언어입니다. 유튜브나 인스타그램과 같은 플랫폼들입니다. 이제 미디어는 메타버스*와 같은 새로운 형태로 진화하고 있습니다. 플루세르가 말하는 프로그래밍은 컴퓨터 프로그래밍이라기보다는 '미디어를 창조하는 일'에 가깝다고 할 수 있습니다. 즉, 영상 언어와 같은 최신의 미디어를 만들어 내는 사람과 그 미디어의 지배를 받는 사람, 이렇게 두 부류로 미래의 인간이 나뉠 수 있다는 주장입니다.

사실 미디어를 지배하는 이들이 이미 이 세계를 이끌어 가고 있습니다. 미디어를 만드는 자는 이미지^{영상 언어}와 텍스트^{문자 언어}를 자유롭게 넘나들 수 있어야 합니다. 텍스트는 상상력을 압축해 놓은 것이고 이미지는 그 압축된 상상력을 다시 실세계에 펼친 것입니다. 텍스트가 프로그램의 코드라면 미디어와 이미지는 프로그램의 실행 결과라고 할 수 있습니다. 다시 말해 텍스트는 미디어와 이미지의 근간이 됩니다.

이미지가 넘쳐나는 세상 속에서도 텍스트가 중요한 이유는 인간이 언어로 사고하는 존재이기 때문입니다. 사고와 언어는 상호 의존적으로 발달합니다. 이는 다양한 실험으로 이미 증명된 이론입니다. 카를 뷜러와 같은 언어심리학자들은 어린아이와 침팬지의 예로 이를 설명합니다. 겨우 걸음마를 하는 어린아이는 언어적으

---

* 추상적인 세계를 의미하는 메타(Meta)와 현실 세계를 의미하는 유니버스(Universe)의 합성어로 사회, 경제, 문화 활동이 이루어지는 3차원의 가상세계

로 사고 능력이 발달하지 않은 상태입니다. 그 시기의 어린아이와 침팬지는 도구를 사용하는 문제 해결 과정에서 거의 유사한 능력을 보입니다. 하지만 아이가 언어를 사용하기 시작하면 상황은 달라집니다. 아이의 문제 해결 능력이 급격히 향상됩니다. 단시간 내에 아이는 침팬지와는 비교할 수 없는 지능을 가지게 됩니다.

인간은 '언어'로 생각을 만들어 내는데 외부 세계의 입력과 출력은 모두 '영상 언어'로 바뀌어 가고 있습니다. 이것은 거스를 수 없는 거대한 흐름입니다.

주체적으로 사고하고 창의성을 이끌어 내기 위해서는 이미지를 텍스트화할 수 있어야 합니다. 수많은 이미지 속에 깔려 있는 텍스트를 읽어 낼 줄 알아야 한다는 거죠. 또한 그렇게 읽어낸 텍스트로 또 다른 이미지를 그려낼 수 있어야 합니다. 즉, 텍스트를 다시 이미지화해서 미디어를 만들어 내는 것입니다. 현재 세계의 IT 대세를 선도하고 있는 구글이나 페이스북 같은 회사들은 이런 과정을 통해 미디어를 창조하고 지배하고 있는 거인들이라고 할 수 있습니다. 어떻게 하면 '프로그래밍을 당하는 자'가 아닌 '프로그래밍을 하는 자'가 될 수 있을까요?

AI와 소프트웨어 개발자

현시대의 미디어와 IT 최전선에는 인공지능(AI)이 있습니다. 미래의 인간이 미디어에 대한 지배층과 피지배층으로 나뉠 수 있다는 주장과 마찬가지로 인류가 AI를 지배하는 사람과 AI에 지배받는 사람으로 나뉠 수 있다는 위기감도 생기고 있습니다. 그럼 개발자들은 'AI를 만드는 것은 개발자잖아? 그래, 난 프로그래머야!' 하며 다시 우쭐해질지 모르겠습니다.

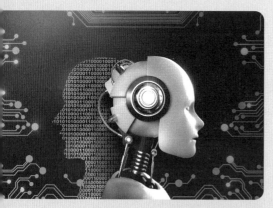

인간, 디지털 그리고 AI

하지만 현실은 그렇게 녹록하지 않습니다. 우리는 점점 기술 편향의 시대에 함몰되어 가고 있지만, 이 흐름이 모든 개발자에게 장밋빛 미래를 보장하지는 않습니다. 인간의 단순 노동을 대체하던 기계와 로봇에 지능이 결합되면서 AI는 빠르게 인간의 일자리를 대체하고 있으며, 이 추세는 더욱 가속화될 것입니다. AI의 핵심인 알고리즘과 소프트웨어 현장에 있는 개발자들 역시 이 거대한 파도 앞에 예외가 될 수는 없습니다. 소프트웨어 개발은 기술 편향의 극단에 서 있지만, 일부의 엘리트들을 제외하면 이 극단의 기술 싸움에서 살아남을 개발자는 많지 않습니다. AI와 IT 기술의 최접점에 있는 소프트웨어 개발 역시 일부는 언젠가 사라지는 직업이 될 수 있다는 역설이 가능합니다. 분명한 건, 단순한 코더는 더 이상 설 자리가 없게 되리라는 것입니다.

AI가 작곡도 하고 소설도 쓰는 시대입니다. 창조력이라는 것마저 인간의 전유물만이 아닐 수 있다는 위기감도 나타나고 있습니다. 비록 지금 당장은 단순한 코딩에 국한된 이야기에 불과할지 몰라도, 인간 개발자는 결코 AI의 상대가 될 수 없습니다. 4차 산업혁명 시대에서 낙오되지 않기 위해서는 프로그램의 코드 한 라인 한 라인에서 잠시 눈을 떼고 더 큰 그림에 주목해 볼 필요가 있습니다.

중요한 것은 결국 사람입니다. 기술을 만드는 것, 기술을 이용하는 것 모두 결국 사람이 하는 일이니까요. 관점의 변화가 필요합니다. 컴퓨터나 기계의 관점이 아닌 '인간의 관점', '인간의 시선'을 가져야 합니다. 그 관점과 시선을 연구하는 분야를 우리는 '인문학'이라고 부릅니다. 기술을 부흥시키는 힘은 결국 인문학에 있습니다. 지금은 기술이 시대를 선도하고 개발자들을 이끌고 있는 것처럼 보이지만, 개발자의 진정한 르네상스는 기술 그 자체만으로 가능하지 않습니다.

새로운 시대를 만들어 낸 이탈리아 르네상스의 기반은 인본주의였습니다. 르네상스는 부활과 재생을 의미합니다. 고대 그리스 시대 고전 문헌의 재발견, 연구를 통한 인문 정신의 부활, 중세 그림자에 잠식되었던 인간 본연의 가치에 대한 재생이 곧 르네상스입니다. 르네상스는 문명과 지식을 부흥시킬 수 있는 토대가 되었고, 과학과 기술이 이를 뒷받침하게 됩니다. 신과 종교만이 존재하던 중세 유럽의 암흑기를 르네상스의 인문학이 타파했듯, AI와 테크놀로지라는 새로운 신神이 지배하게 될 미래를 바꿀 수 있는 것은 다시 인문학이 되리라 생각합니다.

너무 거창하고 시대착오적인 생각일까요? 우리는 첨단 AI 기술과 인문학^{사람}이 양극단에 서 있다고 생각하지만, 반은 맞고 반은 틀린 이야기입니다. 기술은 시대와 인간 본연의 가치를 떠나 홀로 존재할 수 없습니다. 세계적인 경제학자이자 다보스 포럼의 창립자인 클라우스 슈밥은 우리가 기술에 대해 잘못된 관념 두 가지를 가지고 있다고 지적합니다.

첫 번째 잘못된 관념은 우리가 기술을 통제할 수 없고, 기술이 우리의 미래를 결정한다는 것입니다. 슈밥은 모든 기술은 정치적이기 때문에 이는 잘못된 관념이라고 말합니다. 기술은 개발과 활용의 모든 단계에서 사회적 가치의 총체이며 타협의 결과물입니다.

두 번째 잘못된 관념은 기술은 도구일 뿐이며 가치중립적이라는 것입니다. 기술과 사회는 서로 영향을 주며 형성됩니다. 다시 말해 우리 자신은 우리가 만든 제품만큼이나 우리가 가지고 있는 기술의 산물인 것입니다. 일례로 우리가 항상 지니고 다니는 스마트폰은 도구에 불과하지만 동시에 도구 이상의 존재입니다. 기술/과학과 인문은 복잡 미묘한 관계를 형성하고 있습니다. 첨단 기술의 홍수 속에서 우리가 놓치고 있는 인문학적인 가치를 재발견하는 것이 기술의 궤도를 보정해 주는 역할을 할 것입니다. 이것이 바로 부활과 재생입니다. 진정한 테크놀로지의 르네상스 그리고 개발자 개개인의 르네상스 역시 인문학적 가치의 재발견에 달려 있습니다.

우리가 해야 하고 또한 할 수 있는 것들

AI가 많은 것들을 대체하고 있지만, 결국 AI를 만드는 주체는 인간이며 궁극적으로 AI는 개발자를 대체할 수 없습니다. 단순히 폄하하자면 AI는 사람의 경쟁 상대가 아닌 도구에 불과합니다. 인간만이 할 수 있는 수많은 것들이 있습니다. 그 수많은 것들은 소프트웨어 개발자들에게 꼭 필요한 덕목들입니다. AI가 해야 하는 일은 무엇이고, 인간이 해야 하는 일은 무엇일까요? 간단히 말하자면, 정답이 이미 존재하는 것은 AI가 하면 되고, 아직 답이 없는 것은 인간이 해야 할 일입니다. 아직 정답이 없는 그 무엇을 우리는 '창조'라고 부릅니다.

IT와 소프트웨어에 있어 창의성은 필수적 요소입니다. 일례로 그래픽 사용자 인터페이스GUI: Graphical User Interface는 창의성의 산물입니다. 요즘과 같은 시대에는 GUI가 없는 PC나 스마트폰을 상상할 수 없지만, 수십 년 전 GUI의 등장은 그 자체가 창조적 혁신이었습니다. 이제 UIUser Interface와 UXUser Experience가 제품의 품질이자 시장에서의 성패를 가늠하는 척도가 되었습니다. 오래전의 소프트웨어 개발자들은 소프트웨어의 내적인 기능만을 중시했습니다. 드러나지 않는 부분에 더 가치를 둔 것이죠. 하지만 이제 외부로 드러나는 것들이 내적인 성능을 좌우하는 요소가 되었습니다.

창조성은 프레임의 바깥을 볼 수 있는 통찰력으로부터 옵니다. 융합하고 통섭하는 능력이 통찰을 만들어 내며 창조로 이어집니다. 창조의 시작은 모방입니다. 모방에 가치를 더할 수 있다면 창조가 가능합니다. 원류를 이해하는 힘이 또 다른 원류를 만들어 냅니다. AI 역시 창조성을 발휘하도록 발전하고 있다는 주장이 있습니다. AI가 창조를 할 수 있느냐 없느냐에 대한 많은 논란과 연구가 현재 진행 중이므로 단언해서 이야기할 수는 없지만, 현재까지 AI는 명백하게 다른 것들로부터 가치를 찾아내지 못합니다.

통섭은 공통점만을 찾아서는 불가능합니다. 전혀 상관없는 것들을 연결하고 가치를 만들어 내는 것이 통섭입니다. 구글 알파고가 이세돌과의 대국에서 보여주었던 신의 한 수2국 제37수를 AI의 창조성의 예시로 보는 견해가 있습니다. 하지만 이 한 수를 창조적으로 보기에는 석연치 않은 부분이 있습니다. 방대한 탐색의 확률론적 결과로 보는 것이 어쩌면 타당할 것입니다. 겉으로 보기에 전혀 다른 새로운 패러다임을 만들어 낸 것처럼 보이는 AI의 성취들은 실상 수많은 시도에 따라 발생한 무작위적 결과 데이터에 인간이 의미를 부여한 것에 지나지 않다고 할 수 있습니다. AI는 데이터를 모으고 분류하지만 의미를 부여하는 것은 인간입니다. 또한 모아진 데이터로부터 통찰을 얻을 수 있는 것은 인문학의 힘입니다.

AI는 미래를 보지 못합니다. AI에게는 과거와 현재만 존재합니다. 인간은 미래를 봅니다. 미래를 보는 힘이 통찰력이며 이것이 프레임의 바깥을 보는 힘입니다. 먼 훗날 주어진 대로 소프트웨어를 만드는 것은 AI가 더 잘할 수 있겠지만, 어떤 소프트웨어, 어떤 시스템을 만들 것인지 결정하는 것은 인간의 영역입니다. 이에 대해 구글의 과학자인 레이 커즈와일이 주장하는 특이점singularity이라는 아이디어를 가지고 반론을 제기하는 사람들이 있을 것입니다. 특이점이라는 것은 AI가 아주 조금이라도 자신보다 뛰어난

다른 AI를 만들어 낼 수 있는 포인트를 말합니다. 그 임계점에 도달하면 AI가 단시간 내에 폭발적인 지능의 증가를 이루어 낼 수 있다는 것입니다. AI가 인간의 모든 것을 뛰어넘는 것은 시간 문제라는 거죠. 하지만 이것은 특정 지능에 국한된 이론에 불과합니다. 어쩌면 인류가 곧 우주의 끝을 탐사해낼 수 있다는 기대, 그 이상으로 요원한 일일 것입니다.

미래를 결정하는 일은 단지 새로운 기획이나 더 나은 시스템의 설계만을 말하지 않기 때문입니다. 거기에는 비전이라는 단어가 포함됩니다. 왜 그 일을 해야 하는지에 대한 이유는 인간만이 알 수 있습니다. 이는 꿈이라고도 불리기도 하며, 동기와 열정이라는 단어로도 대체될 수 있습니다. 수립한 목표를 향해 가는 전략 역시 AI가 인간을 넘어설 수 없습니다. 우선순위를 조정하는 것, 외부에서 아이디어를 찾으려는 전략에는 가치 판단이 필요하기 때문입니다.

미래를 보지 못하는 이유는 질문을 하지 못하기 때문입니다. 오로지 정답만을 향해 전진하는 것이 최선이 아닐 수도 있습니다. 때로는 쓸모없어 보이는 것들로부터 쓸모 있는 것들이 만들어집니다. 창조의 밑거름은 상상력이고, 상상력은 여백에서 오기 때문입니다. 창조는 완벽이 아닙니다. 가장 완벽한 소프트웨어는 완벽을 추구해서 만들어지는 것이 아니라 실패를 이어 나가는 과정에서 만들어집니다. 실패로부터 성공을 만들어 내기 위해서 그리고 더 좋은 개발자가 되기 위해서는 철학이 필요합니다.

같은 개발 철학을 공유하는 사람들끼리 있으면 철학은 문화가 됩니다. 무엇보다 중요한 것은 인간이 인간을 이해하는 일입니다. 사람과 더불어 재미있게 일하는 능력이 필요합니다. 요즘은 이 능력이 고갈되어 버린 개발자들이 넘쳐납니다. 기술 편향의 부작용이며, 인간 소외의 현실입니다. 협업의 가치는 방법론과 효율에 있는 것이 아니라, 서로를 이해하고 서로 배려하는 문화에 달려 있습니다. 이제는 기술이 아닌 인문학이 필요합니다. 인문학은 이 시대의 개발자에게 부족하지만 AI와 경쟁해야 하는 미래의 개발자에게 꼭 필요한 부분입니다.

다시 원래 했던 질문으로 돌아가겠습니다. 우리는 어떻게 하면 '프로그래밍을 당하는 자'가 아닌 '프로그래밍을 하는 자'가 될 수 있을까요? 미디어가 점점 고도화되어가는 이 시대에 그 대답은 쉽지 않습니다. 현시대의 미디어는 내부로부터 우러나오는 집중력을 요구하지 않습니다. 미디어로 인한 인지 과부하는 이미 인간의 뇌의 한계를 뛰어넘었습니다. 깊이 있는 사고는 점점 더 어려워지고 있습니다. 톨스토이의 대작 <안나 카레니나>를 읽는 것은 면벽수행 정도의 인내를 요구하는 시대가 되었습니다.

디지털 화면이 아닌 사람을 보아야 합니다. 미디어와 기술을 지배하기 위해서는 일단 그것들로부터 한 발자국 떨어져 있을 필요가 있습니다. 지배하기 위해서는 일단 지배로부터 벗어나야 합니다. AI를 이기는 소프트웨어는 코드가 아닌 사람과 삶의 경험 속에 있습니다. 뉴미디어 시대를 지배할 수 있는 텍스트를 만들어 내는 힘은 컴퓨터 프로그래밍 스킬이 아닌 고전과 인문학에 있습니다. 기술과 인간을 모두 이해하는 르네상스형 개발자가 미래를 지배하게 될 것입니다. 깊은 수준까지 전문 기술을 연마하고, 인문학적 지혜의 넓이를 넓히는 투 트랙two-track 전략이 필요합니다. 우리 스스로가 확보한 깊이와 넓이의 곱만큼 미래에 대한 영향력은 커지게 될 것입니다.

2022년 3월 18일
이경종

목차

AI의 시대, 우리는 어디에 있는가 | 1장

5장 팀워크 – 함께 만드는 소프트웨어

어떤 개발자가 살아남는가

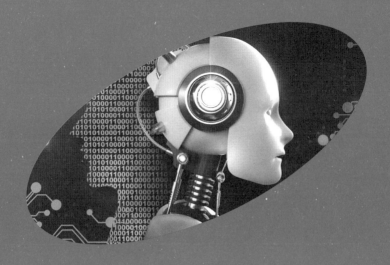

1장

AI의 시대,
우리는 어디에 있는가

AI의 시대

지금 이 순간에도 AI^{Artificial Intelligence, 인공지능}는 끊임없이 진화하고 있다. AI가 진화하고 있는 것을 보고 있노라면 가끔은 무서운 생각이 든다. 언젠가는 할리 데이비슨에서 내린 가죽재킷 차림의 무표정한 터미네이터가 동네 호프집 문을 열고 들어올지도 모른다는 생각이 혼자만의 상상은 아닐 것이다. 인류의 원형이 지구상에 등장한 이후 인류가 돌도끼 하나를 만들어 내는 데 무려 400만 년이 걸렸다. 그리고 구석기 시대를 벗어나 아주 조금 나아진 수준의 돌도끼를 만들어 내는 데 다시 300만 년 정도의 시간이 걸렸다. 그 후 불과 1만 년도 안 되는 시기에 인류는 지금과 같은 문명을 만들어 냈다. 인류의 진화는 아주 더디게 진행되었지만 문명의 진보는 우주와 지구의 역사, 생명의 진화 속도를 감안하면 아주 찰나의 순간에 이루어졌다. 이와 같은 인류 문명의 급속한 발전 속도에 비해 AI의 진화 속도는 어지러울 정도로 아찔해 보인다. AI가 지금까지 인간이 만들어 낸 여타 다른 기계들과 발전 양상이 완전히 다를 수 있는 요인은 지능이다. 정확함이 아닌 똑똑함^{smart}이 기계의 가치를 결정짓는 요소가 되어 가고 있는 것이다.

AI의 현재:
진보하는 기술과 인공지능 그리고 개발자의 미래

....

1956년 하노버에서 열린 다트머스 회의에서 마빈 민스키와 존 매카시가 기계가 사람과 같은 인지 능력을 가질 수 있다는 가능성을 거론하면서 인공지능^{AI}이라는 단어가 대중에게 알려지기 시작했다. 이후 AI의 발전 양상은 마치 계절처럼 진행되었다. 봄이 와서 꽃이 피고 절정의 여름으로 가는가 싶으면 이내 혹독한 겨울이 찾아왔다. 두 번의 봄을 겪었고, 두 번의 겨울이 지나갔다. 새로운 가능성을 보여줌으로써 시작되었던 AI의 봄은 그 가능성의 한계를 만나면서 이내 겨울로 바뀌었다. 지금 이 시대에 우리가 목격하고 있는 세 번째 AI의 봄은 2012년 개최된 세계 이미지넷 경연대회에서 토론토 대학의 제프린 힌튼 교수 팀이 딥러닝 기술로 경쟁 팀들을 압도하면서부터 시작되었다.

딥러닝은 기계가 스스로 학습을 반복하는 것이다. 이는 구글의 과학자 레이 커즈와일이 말하는 특이점^{singularity, 싱귤래러티}의 이론적 토대가 된다. 특이점은 폭발적으로 AI의 지능이 증가하는 지점을 의미한다. 이것은 AI가 자신보다 아주 조금이라도 똑똑한 AI를 만들어 내는 순간 가능해진다. 순환 자기개선^{recursive self-improvement}이라고도 불린다. 단시간 내에 AI가 다시 자신보다 좀 더 나은 AI를 만들어 내는 무한 반복이 이루어진다. 그 결과 하룻밤도 안 되는 사이에 인간을 초월하는 지성이 탄생할 수 있다는 것이다. 레이 커즈와일은 2045년에 특이점이 올 수 있다고 말한다. 수십 년 전만 하더라도 공상과학영화에서나 나올 법한 이 스토리의 가능성을 믿는 전문가들이 점점 늘어나고 있다.

테슬라의 창업자인 일론 머스크는 인류가 AI라는 악마를 불러내고 있다는 말로 AI의 급속한 발전에 대해 부정적 견해를 피력한다. 비록 선과 악이라는 특정한 의도를 가지고 있지는 않지만, AI가 최선이라고 믿는 것이 미래의 인류에게 최악이 될 수도 있다는 얘기다. 영화에서는 흔한 시나리오지만 과거에는 이런 일이 현실화되리라 생각한 사람이 흔치 않았다. <슈퍼인텔리전스>의 작가이자 세계적인 인공지능철학자인 닉 보스트롬은 인류가 핵전쟁이 아닌 작은 클립 하나 때문에 멸망할 수도 있다고 말한다. 서류에 끼우는 작은 클립 말이다. 만약 AI의 목적이 단순히 클립을 많이 만드는 것이 되면, AI는 모든 것을 클립으로 바꾸려고 한다. 결국 우주의 모든 것을 클립으로 만들려는 AI의 단순한 목적 때문에 인간은 종말을 맞을지도 모른다는 다소 허무맹랑한 시나리오다. 그런데 이를 어이없는 망상이라고만 치부할 수 있을까? 우리는 이와 같은 수많은 담론이 늘어나고 있다는 것에 주목할 필요가 있다.

다행히도 많은 전문가가 AI가 인류를 멸망시키거나 인간에게 해를 끼치는 일을 걱정하는 것은 시기상조라고 이야기한다. 바이두의 전 최고과학자 앤드루 응은 화성에서 인구과밀과 싸우는 일을 고민하고 있지 않은 이유와 마찬가지로 인공지능이 악에 빠지는 일을 막을 방법을 고민하는 것은 현재로서는 부질없는 일이라고 말한다. 현재 AI는 극히 일부의 영역에서 발전된 모습을 보이고 있을 뿐 인간과 같이 사고할 수 있는 일반 인공지능* 영역은 여전히 걸음마 수준이라는 것이 많은 전문가들의 견해다. 하지만 언젠가 인간을 뛰어넘는 초지능 AI가 나올 가능성이 커지고 있음을 단정지어 부인하는 것 또한 쉽지 않다.

여하간 AI가 인류와 세계에 끼치는 영향력이 점점 늘어나고 있다. 그 영향력은 AI가 인간의 노동을 대체하고 있는 현실에서 더욱 커지고 있다. 이는 거스를 수 없는 역사의 흐름이다.

---

* 범용 인공지능 혹은 강인공지능이라고도 불린다. 특정한 용도로만 활용되는 약인공지능(Weak AI)과 대비되는 개념이다.

·········· AI로 대체되는 일자리들

MIT 교수 앤드루 맥아피는 저서 <제2의 기계 시대>에서 '거대탈동조화^{Decoupling, 디커플링} 시기'라는 용어를 사용했다. 이것은 노동생산성, 고용, 소득, 경제성장이라는 네 개의 추세선이 2000년대 들어 서로 독립적으로 진행하는 현상을 말한다. 이제까지의 자본주의 역사에 있어 이 네 개의 부분은 통상적으로 같은 추세를 이루었지만, 이제 하나의 추세선이 다른 추세선과 독립적으로 움직이는 양상이 커지고 있다. AI는 이런 탈동조화 현상을 더욱 가속화시키는 요인으로 지목되고 있다. 이제 AI가 인간을 대체하고 있는 현실을 부인하는 것은 지금 살고 있는 이 세계를 부정하는 꼴이 되어 버렸다. 이런 추세는 날로 가속화될 것이다.

인천광역시에 위치한 길병원은 한국 최초로 진료에 인공지능을 도입했다. 길병원은 2017년 12월 IBM의 인공지능 왓슨을 들여와 국내 최초의 인공지능 암 센터를 세웠다. 매년 10억가량의 사용료가 든다. 인간 의사를 고용하는 것보다 더 많은 비용이 들어가지만 길병원은 인공지능의 미래 가치를 보고 왓슨을 도입했다. 의료계에서 인공지능을 아는 의사와 그렇지 못한 의사의 대립 구도가 형성되기 시작했다.

회사의 많은 관리 인력들이 AI로 대체되고 있다. 특히 시스템을 감시한다든지 반복적인 업무를 수행하는 인력들은 십중팔구 AI로 대체가 된다. 시스템 관리자가 대표적인 예다. 체크리스트와 같은 동일한 패턴을 가지고 시스템을 점검하는 일에 있어 사람에 의한 실수^{Human Error}를 배제할 수 있다. 과거 스포츠 경기에서 끊이지 않던 판정 시비는 컴퓨터를 이용한 판독이 도입됨으로써 사라지고 있다. 이제 스포츠 경기에서 AI 심판이 인간을 대신할 날도 얼마 남지 않은 듯하다.

예전에는 길을 잘 아는 택시 기사가 그렇지 않은 택시 기사보다 경쟁력이 있었다. 승객을 목적지에 더 빨리 데려다 줄 수 있으니 더 많은 승객을 태울 수 있었고 더 많은 돈을 벌 수 있었다. 길 잘 아는 택시 기사의 경쟁력은 GPS에 기반한 차량용 네비게이션 장치가 나오면서 거의 무용지물이 되어 버렸다. 이제는 택시 기사라는 직업 자체가 머지않아 인공지능에 의해 사라지게 되는 상황에 직면했다. AI가 초래하는 고용 불안정은 점점 큰 화두가 되어 가고 있다.

세계적인 컨설팅 회사 맥킨지의 글로벌 연구소장인 제임스 매니카는 2030년까지 4억 개의 일자리가 없어질 것으로 추정한다. 이는 전 세계 노동력의 약 15%에 해당하는 수치이며, 개발도상국보다 선진국에서 그 규모가 더 클 것으로 추산된다. 물론 사라지는 직업 대신 새로운 직업이 등장할 것이다. 미국의 경우 지난 10년간 전체 직업의 8~9%가 예전에 존재하지 않았던 직업이다. 기술의 진보가 직업군의 변화를 만들어 내는 것은 역사가 증명하고 있다. 많은 직업이 사라지고 또 많은 직업이 생기겠지만, 새롭게 생겨날 직업들은 대체로 예상하기 쉽지 않다.

하지만 AI에 의해 사라지게 될 많은 직업은 예측 가능하다. 변호사, 회계사, 보험 설계사, 행정 공무원, 일반 사무원과 같은 직업들의 일부는 머지않아 사라질 것이다. 옥스퍼드 대학은 2013년에 충격적인 연구 결과<미래의 고용>, 2013를 발표했다. 연구 결과에 따르면 2030년 즈음이면 보고서 작성 당시 인간이 가지고 있는 직업의 47%가 AI와 로봇으로 대체된다고 한다. 앞으로 불과 10년 안에 미국의 702개 직종 중 무려 300여 개 이상의 직업이 사라진다는 것이다. 이 연구 보고서가 발표되고 난 이후 딜로이트를 비롯한 세계적인 미래 예측 전문가 그룹들은 그들의 보고서를 통해 이런 예측이 현실화되어 가고 있음을 보여주고 있다. <미래의 고용> 보고서와 현재 통계가 맞지 않는 부분도 있겠지만 보고서의 세부 사항을 살펴볼 필요가 있다. 보고서에 따르면 운전사는 98%의 확률로 대체되고, 기업의 CEO는 1.5%의 확률로 대체된다. 고고학자 같은 직업은 AI에 의해 대체될 확률이 0.7%에 지나지 않는다. 기술적인 어려움이 있어서라기보다는 고고학이라는 직업 분야가 경제적으로 별 가치가 없기 때문이다. 다시 말해 AI에 의해 대체되는 직업 분야는 그 기술적 구현 난이도와 함께 경제적 가치 또한 고려된다. 소프트웨어는 막대한 경제적 가치를 가지면서 AI 기술에 가장 밀접한 분야다. 옥스퍼드 보고서에 따르면 약 2030년까지 프로그래머의 48%가 AI로 대체될 가능성이 있다. AI를 구축하는 최일선에 있는 소프트웨어 개발자들이 AI에 의해 사라질 수도 있다는 역설적 상황에 직면한 것이다.

보고서에서 기술한 소프트웨어 관련 직종의 AI 대체율을 살펴보자.

대체율(%)	직종	대체율(%)	직종
0.65	시스템분석가	13	시스템 소프트웨어 개발자
1.5	컴퓨터과학자	21	정보보안 분석가
3	네트워크/시스템 관리자	21	웹 개발자
3.5	정보 시스템 관리자	21	네트워크 아키텍트
4.2	응용프로그램 개발자	48	프로그래머

표에 나온 분류가 다소 모호하다고 생각할 수도 있다. 웹 개발자 역시 대체율이 높지만[21%] 프로그래머[48%]보다는 낮다. AI에 의해 48%가 대체될 것으로 예상되는 프로그래머는 분석이나 설계 업무를 하지 않는 단순 코더coder를 의미한다.

AI를 사용하여 자동으로 프로그래밍을 하려는 시도는 이전부터 있어 왔다. 일례로 Programming Synthesis라는 분야는 기존에도 많은 연구가 진행되어 온 컴퓨터 공학의 한 분야이다. 1980년대 초반까지만 해도 왕성한 연구 활동이 이루어졌지만 이제까지 아주 큰 발전은 없었다. AI의 두 번째 겨울이 찾아오면서 여타의 AI 연구와 마찬가지로 자동 프로그래밍 분야 역시 지지부진하게 자취를 감추었지만, 최근 딥러닝의 도입으로 AI가 급속한 발전을 이루면서 자동 프로그래밍 분야 역시 새로운 추진력을 얻게 되었다.

대표적인 인공지능 개발자동화로는 구글의 AutoML과 마이크로소프트와 캠브리지 대학이 공동 개발한 딥코더^{DeepCoder}가 있다. 딥코더는 2017년 열린 세계인공지능학회에서 처음 발표되었다. 딥코더는 코딩해야 하는 프로그램의 특성을 학습하기 위해 심층 신경망^{Deep Neural Network}을 훈련하는 방식을 채택하고 있다. 딥코더는 코드가 공개되어 있는 인터넷 웹사이트로부터 필요한 코드를 검색하고 검색한 코드를 조립해서 프로그램을 만들어낸다. C나 JAVA와 같은 범용적인 프로그래밍 언어는 아직 딥코더가 다루기에는 복잡하기 때문에, SQL과 같이 제한적이고 특화된 분야에 사용되는 프로그래밍 언어가 사용된다. 아직은 상용되기에는 부족한 점이 많다. 하지만 향후 기술이 더 발전하면 단순한 검색이나 반복적인 코딩을 할 때 딥코더의 활용도가 더 커질 것으로 보인다.

아직은 아무리 단순한 코딩이라도 AI가 인간 개발자를 대신할 수 있는 수준까지는 이르지 못했으나 이는 시간 문제다. 이제 막 소프트웨어 개발이라는 분야에 뛰어든 사람들이나 미래의 빌 게이츠를 꿈꾸는 청소년들에게는 현실이 될 공산이 매우 크다.

소프트웨어 개발자는
사라질 것인가

....

　　초보 개발자 시절 내가 작성해야 하는 코드를 자동으로 만들어 주는 프로그램이 있으면 얼마나 좋을까 상상한 적이 있었다. 버그 잡느라 머리를 쥐어뜯고 있을 때, 외계인이라도 나타나서 알라딘의 요술 램프 같은 프로그램을 하나 선물해 주었으면 좋겠다 싶었다. 문제의 조건과 현재 코드를 넣으면 바로 버그를 발견해서 솔루션 코드를 뚝딱 만들어주는 프로그램 말이다. 세월이 좀 흘러서, 기본적인 사용자 그래픽 인터페이스GUI의 골격을 자동으로 만들어주는 GUI Wizard와 같은 것들이 등장했다. 특정한 스타일이나 포맷에 맞춰 윈도우 창과 버튼 등과 같은 GUI 요소들을 배열하면 정형화된 코드 템플릿이 생성되는 것으로, 대체로 통합개발환경IDE의 부속 기능이다. 현재 스마트폰의 안드로이드 앱을 개발할 때에도 비슷한 방식으로 GUI를 구성할 수 있다. 하지만 이런 방식은 정형화된 템플릿에 불과하다. GUI를 쓱쓱 그려서 집어넣으면 코드가 바로 튀어나오는 것을 상상해 본 소프트웨어 개발자가 적지 않을 텐데, 이제 진짜 GUI 사진을 보여주면 AI가 그 GUI를 그대로 코드로 만들어 주는 시대가 도래했다.

```
stack {
    row {
        label, switch
    }
    row {
        label, btn-add
    }
    row {
        label, slider, label
    }
    row {
        img, label
    }
}
footer {
    btn-more, btn-contact, btn-search, btn-download
}
```

(a) ios GUI screenshot　　　　(b) Code describing the GUI written in our DSL

iOS GUI 스크린샷과 pix2code로 변환된 DSL코드

픽스2코드Pix2Code는 GUI 스크린샷을 보고 코드를 자동으로 만들어 주는 AI 프로그램이다. 덴마크 스타트업인 울자드 테크놀로지가 제작했으며 오픈소스로 누구나 사용 가능하다. 픽스2코드는 학습된 신경망을 사용해 안드로이드 앱이나 여타 웹 기반의 GUI 스크린샷을 보고 그에 맞는 코드를 만들어 낸다. GUI Wizard와 같은 기존 GUI 자동화 프로그램들과 픽스2코드가 차별화되는 가장 큰 포인트는 AI 딥러닝이다. 심층 신경망을 사용하여 프로그램이 자동으로 GUI를 코딩하는 법을 학습한다는 것이다. 규칙 기반 자동화가 아닌 학습 기반 자동화로 AI가 적용된 사례다. 단순히 픽셀로 표현되어 있는 스크린샷을 보고 픽스2코드는 그에 맞는 GUI 코드를 만들어 낸다. 픽스2코드가 만들어 내는 GUI 코드는 약 77%의 정확도를 가진다고 한다. 온전히 GUI 개발을 자동화하기에는 다소 부족하긴 하지만, 보조적인 수단으로 충분한 활용 가치가 있다.

과연 AI가 인간 개발자를 몰아내고 프로그램을 직접 만드는 시대가 올 것인가? 앞으로도 여전히 찬반 양론이 각축을 벌일 듯하다. 범용적인 AI는 아직 시기상조라고 하지만, 현대 문명의 일부 분야에서 이미 AI가 인간의 역할을 대신하고 있다. 얼마 전 TV의 한 예능 프로그램에서 인간 주식투자 고수와 주식투자 AI가 진검승부를 벌인 일이 있었다. 최종 결과는 인간 고수의 승리였지만 승부의 중반까지는 AI가 앞서는 상황이 펼쳐졌다. 금융 분야의 경우 AI는 급속도로 발전하고 있지만, 아직까지는 AI가 전적으로 투자 결정을 집행하기는 어려워 보인다. AI는 과거의 데이터를 기반으로 미래를 예측하므로, 만약 역사상 유례가 없었던 일이 발생한다면 AI는 엉뚱한 동작을 할 공산이 크다. 이제껏 발생했던 금융 위기는 모두 전례가 없던 사건들이었다. 앞으로도 또다시 그러한 전례 없던 일이 발생하지 않으리라 확신할 수는 없다. AI에게 투자를 맡겨놨는데, 유례 없는 금융 위기가 생겨서 투자금을 몽땅 잃는다면 그것은 전쟁보다 더한 사태를 초래할지도 모른다.

코드 무용론을 반박하는 이들은 AI의 한계가 극명하고 이를 개선하기는 오랜 시간이 지나도 쉽지 않을 것이라고 말한다. AI가 창조적이지 못할뿐더러, 인간이 인식할 수 있는 수준과 체계에 이르기엔 갈 길이 멀다는 것이 이들의 생각이다. 딥러닝의 발전으로 조만간 인간과 같이 사고하고 판단할 수 있는 범용 AI가 나올 것처럼 떠들썩하지만, 과장된 측면 역시 없지 않다. 딥러닝과 신경망은 하나의 개발 단계이자 AI의 하위 분야일 뿐인데 이를 범용적인 인공지능 그 자체로 언론에서 과장하는 경향이 있는 것이 사실이다. 오렌 에치오니 앨런인공지능연구소장은 AI의 발전 상황이 과도하게 부풀려져 있다고 말한다. 나무 꼭대기까지 올라간 아이가 달을 가리키면서 지금 자신이 달에 가는 중이라고 말하는 것과 다르지 않다는 것이다.

자유소프트웨어재단FSF의 설립자인 리처드 스톨만은 코딩을 일종의 공예라고 말한다. 공예라는 것은 노동에 예술의 요소, 즉 창의성이 가미된 것이다. 코딩에 창의성이 필요하다는 사실을 인정한다면, AI가 아무리 발전해도 도맡아서 코딩을 하는 미래가 오기는 쉽지 않아 보인다. 또한 코딩을 공예라고 본다면, 단순하고 이해하기 쉽게 코드를 짜는 것이 코딩 예술의 한 가지 척도가 될 텐데, AI가 짜 놓은 코드를 과연 인간이 이해할 수 있을지도 의문이다. AI가 추구하는 효율에는 코드의 라인 수보다는 컴퓨팅 성능의 효율이 우선이 될 테니 AI가 기존 프로그래밍 언어를 사용하는 경우 AI의 코드는 기괴하게 보일 가능성이 크다.

하지만 이런 만만치 않은 반론들에도 불구하고 AI가 프로그래머를 대체할 수 있다는 의견이 점점 커지고 있다. 법학의 경우를 생각해 보자. 이미 법률 분야에서는 바둑과 마찬가지로 AI가 인간을 이긴 사례가 존재한다. 2018년 2월 인공지능 법률 기업인 로긱스에서 주최한 인간과 AI의 대결에서 20명의 인간 변호사들이 AI에게 참패했다. 문제 조항을 찾는 테스트에서 인간 변호사는 평균 92분이 소요되었는데, AI는 불과 26초가 걸렸다. 속도뿐만 아닌 정확도에서도 인간 변호사들은 85%인 반면, AI는 무려 94%의 정확도를 보였다. 법학은 AI가 자동화하기 매우 적합한 분야다. 법학에서 사용하는 용어들은 프로그래밍 용어들처럼 공식화되어 있고 고도로 세분화되어 있다. 세세한 규칙과 규정이 있으며 판례 요약과 의견, 논평, 계약서처럼 방대한 레퍼런스가 존재한다. AI는 이미 정의된 분류 체계를 빠르게 탐색하고 패턴을 인식해서 판결과 사례들을 비교 분석할 수 있다. 이는 코딩 분야에서도 그대로 적용이 가능한 요소다.

*"전 단순한 코더에 불과하답니다."*라고 말하는 소프트웨어 개발자는 경력을 불문하고 찾기 어렵다. 나름 복잡하고 창조적인 일을 하고 있다고 생각한다. 하지만 실제 하고 있는 일을 들여다보면 창조적인 행위가 거의 개입되어 있지 않은 반복 작업이 대부분이다. 대부분의 코딩은 창작 활동이 아니다. 소프트웨어를 개발하는 사무실에 하루만 앉아 있어도 창조적인 활동은 별로 찾아보기 어렵다는 사실을 알게 될 것이다. 코딩은 이미 존재하는 도구API: Application Programming Interface를 가지고 이미 주어진 로직Logic을 그대로 만들어 내는 것에 불과하다. 물론 어떻게How라는 창조적인 방식이 개입될 여지는 있지만 단순한 코딩만을 업무로 하는 개발자가 대부분이다.

반면 일견 창조적이라고 치부되는 일들조차 AI가 그 범위를 넓혀 가고 있다. 소설 창작, 작곡, 회화 등의 예술적인 분야에서 AI가 만들어 낸 작품들이 늘어나고 있다. 아사이 료는 일본 문단의 젊은 기수로 나오키상을 수상한 적이 있는 꽤 알려진 소설가다. 아사이 료는 소설 창작을 할 때 AI를 사용한다*. 그는 고전적인 플롯을 사용할 때는 AI가 더 유용하다고 말한다. '주인공이 위기를 겪고 조력자를 만나서 이를 극복하고 결국 승리한다'와

* 일본경제신문사, <AI 2045 인공지능미래보고서>, 반니, 2019년

같은 다소 뻔한 플롯이 필요한 경우다. AI는 주어진 조합에 대해 무수한 패턴을 만들어 내고 그 중에서 몇 가지 최적의 조합을 찾아낸다. 소설가는 AI가 찾아낸 조합을 검토하고 보완해서 이를 플롯에 활용한다. 이런 방식은 엄밀히 말해서 창조라고 할 수는 없으나 수많은 창작의 활동에 AI가 파급력을 키우고 있다는 것을 부인할 수는 없다.

AI가 그림을 그리고 작곡을 하는데 명세^{Specification}가 정해져 있는 단순한 코딩을 AI가 못 할 이유는 없다. 답이 이미 정해진 것들은 AI가 더 잘 하게 될 것이다. 조합을 발견해 내고 논리적인 구조를 이끌어 내는 정형화된 경로에서 인간은 AI의 상대가 되지 못한다. 하지만 아직 이 세계에는 정형화되지 않은 수많은 경로가 훨씬 더 많다. 아직 누구의 발길도 닿지 않은 수많은 오솔길들과 수천 개의 미지의 섬이 있다. 아직 답이 정해져 있지 않은 분야에는 여전히 인간이 우위에 있다. 인류의 역사는 비정형의 미지의 세계에 대한 도전과 정형화된 새로운 세계의 탄생이라는 반복으로 이루어져 왔다. 인간에게 창조는 숙명이다. 그것은 태초부터 시작되었다.

AI를 넘어
무한한 공간 저 너머로

프로메테우스의
불

....

그리스 신화에서 신들은 티탄족의 두 형제에게
세계를 구성하는 생명체를 만들고 능력을 배분
하는 일을 맡겼다. 형인 프로메테우스는 '먼저
생각하는 자', 다시 말해 지혜로운 티탄족이었
고, 동생 에피메테우스는 '나중에 생각하는 자',
그러니까 어리석은 티탄족이었다. 형인 프로메
테우스가 진흙을 빚어 숨을 불어넣자 새로운 생
명체들이 탄생했다. 갓 창조된 동물들이 고유
의 능력을 받기 위해 줄을 길게 늘어섰다. 프로
메테우스가 생명체들을 만들고 잠시 쉬는 사이,
동생 에피메테우스는 신들이 나눠준 능력들을
아무 생각 없이 동물들에게 닥치는 대로 내어
줬다. 동물들은 하늘을 날 수 있는 날개, 날카로

Jan Cossiers - Prometeo tray
endo el fuego, 1637

운 발톱, 강인한 송곳니, 튼튼한 발굽과 같은 능력을 받고 힘을 가지게 되었다. 프로
메테우스가 가장 혼신의 힘을 다해 만든 인간이 줄의 마지막 끝에 서 있었다. 에피메
테우스가 앞뒤 생각 없이 능력들을 퍼주는 바람에 마지막 차례인 인간에게 줄 것이
하나도 남지 않았다. 결국 아무것도 받지 못한 인간은 신의 형상을 닮았음에도 불구
하고 가장 열등한 생명체가 되고 말았다. 자신이 창조한 인간이 다른 동물들에게 괴

롭힘을 당하는 것을 보다 못한 프로메테우스는 결국 신들에게서 불을 훔쳐다가 인간에게 가져다준다. 인간은 태초의 불을 기반으로 새로운 기술을 만들어 내었고 지배자가 되었다. 프로메테우스는 인간을 창조하고 기술을 부여함으로써 인간을 만물의 영장으로 만들어 준 것이다.

이 사실을 알게 된 신들의 우두머리 제우스는 크게 분노했다. 프로메테우스를 잡아서 카우소스산에 쇠사슬로 묶고 독수리를 시켜서 매일 프로메테우스의 간을 파먹게 했다. 이것만으로 화가 풀리지 않은 제우스는 기술의 발달로 오만해져 가는 인간을 벌하기 위해 여성형 사이보그 판도라를 세상에 내려보낸다. 일종의 터미네이터인 셈인데 판도라는 프로메테우스의 동생인 에피메테우스를 꼬셔서 그 유명한 판도라의 상자를 열고 만다. 모든 것이 제우스의 계략대로 이루어졌다. 문명을 이룩한 인류에게 수많은 재앙의 씨앗들이 뿌려졌다. 판도라의 상자 안에 마지막으로 남았던 것은 희망이었는데, 이것은 부푼 기대와 같은 핑크빛 희망이 아닌 '지푸라기 하나라도 붙잡고 싶은' 어쩌면 헛된 희망(Elpis)이었다. 판도라의 상자 안에 남았던 희망은 엘피스(Elpis)로, 그 복수형은 엘피데스(Elpides)이다. 이것은 눈 먼 희망을 의미한다. 인간들은 '나중에 생각하는' 에피메테우스와 마찬가지로 미래를 보는 힘을 잃어버렸다. 세계적인 고전학자인 에이드리엔 메이어가 그의 책 <신과 로봇>에서 기술했듯이 인간은 자신들의 죽음을 내다볼 능력을 빼앗겼고, 그 결과 굴하지 않고 삶과 투쟁하는 존재가 되었다. 자신의 유한성을 자각하지 못한 채 헛된 희망으로 단지 살아가는 것이다.

프로메테우스가 인간을 창조하고 인간에게 기술을 가져다 주었듯, 인간은 컴퓨터를 창조하고 알고리즘과 데이터를 가져다 줌으로써 AI를 만들어 냈다. AI 역시 자신의 유한성을 자각하지 못한다. 내 iPhone의 Siri는 마치 자신이 지능을 가지고 있는 것처럼 굴지만 자신이 스마트폰인 것을 알지 못한다. 몇 년 지나지 않아 폐기될 거라는 사실 역시 모른다.

태초부터 제우스를 비롯한 신들의 계획은 인간을 AI와 같은 존재로 두는 것이었다. 신의 형상을 닮았지만 자신들과 같이 창조하는 존재가 아닌, 오직 창조 당하는 존재, 신에게 절대적으로 복종하는 피조물로 말이다. '먼저 생각하는 자'들이 등장하면서 이 음모는 결국 성공하지 못한다. 프로메테우스의 후예들이 나타나기 시작했다. 자신들이 필멸의 존재임을 깨달은 인간들은 더 높은 가치를 추구하기 시작했다. 그 결과 예술이 등장했다. 예술의 상상력은 과학과 기술로 이어졌다. 상상력은 이야기가 되었고 이야기는 다시 현실이 되었다. 인간은 이제 신들에게 프로그래밍 당하는 객체가 아닌 그들의 세계를 프로그래밍하는 주체가 되었다. 프로메테우스의 불은 인간에 의해 전기가 되었고 원자력과 핵융합이 되었다. 신이 인간을 만들었듯이 인간 역시 자연으로부터 신이 만들어 놓은 것들을 인간화시키고 고도화시키기 시작했다. 신들의 온갖 훼방에도 불구하고 이제 인간은 창조하는 존재가 되었다.

고대인들이 보기에 인간은 적어도 기술에 있어서만큼은 신적인 존재가 되었다. 이제는 AI가 인간에 이어 제3의 창조주가 될 것인지가 초미의 관심사다. 프레드킨이라는 과학자는 AI의 출현이 우주의 창조와 생명의 출현에 이은 전 우주 역사를 통틀어 세 번째 대단한 사건이라고 말한 바 있다. 하지만 아직 AI에게는 넘어야 할 산들이 줄지어 서 있다. 아직 AI는 제우스에 의해 미래를 보는 힘을 잃어버린 태초의 인간에 불과하다. 자본주의와 테크놀로지라는 새로운 신들에게 지배받고 있는 인류는 역으로 AI의 한계와 문제점들로부터 새로운 활로를 찾아볼 수 있다.

AI가 가지고 있는 한 가지 문제는 오로지 효용만을 추구한다는 것이다. 이것은 장점인 동시에 큰 단점이기도 하다. 때론 쓸모없어 보이는 것들로부터 가치 있는 무언가가 만들어질 수 있다는 사실을 AI는 결코 알 수 없다. 그 이유는 AI가 이미 만들어져 있는 특정한 프레임 속에 갇혀 있기 때문이다. 그 프레임은 AI가 탄생한 이유이기도 하다. 가지고 있는 도구가 망치밖에 없다면, AI가 보는 모든 사물은 못이 될 수밖에 없다. AI의 목적이 클립을 만들어 내야 하는 것이라면 AI는 클립을 위해 인간을 희생시킬 수도 있는 것이다. 이런 한계를 극복하지 않는 한 AI는 창조적인 존재가 될 수 없다. 프레임 속에 갇히면 창조와 통섭과는 멀어질 수밖에 없다. 우리가 고개를 들어 바라보아야 할 것은 프레임의 바깥쪽이다. 모든 프레임을 둘러싸고 있는 것이 바로 인간과 그 인간들이 이루고 있는 조직과 사회다.

AI 힘의 근원은 축적된 데이터이다. 인간 역시, 아이작 뉴턴이 말한 대로 전대의 거인들의 어깨에 올라타 있기 때문에 과학과 기술을 발전시킬 수 있었다. 모방으로부터, 이미 만들어진 프레임으로부터 시작할 수밖에 없지만 모방하기만 하고 프레임 안에만 머문다면 AI와 다를 바 없게 된다. 아니, 프로그래밍 당하는 존재가 될 수밖에 없다. 개발자는 하나의 프로그래밍 언어를 배우면서 그 세계에 입문하게 된다. 이미 만들어진 소프트웨어 라이브러리와 코딩 도구들 그리고 구글링을 통해 문제를 해결하는 과정을 건너뛰고 개발의 대가가 될 수는 없다. 하지만 계속 이런 상태에만 머무른다면 AI에 의해 대체되고 마는 코더의 신세를 벗어날 수 없다. AI처럼 이미 정해진 답을 찾아가는 과정을 반복하기만 할 뿐이다. 그것도 훨씬 느리게 말이다. 모방에만 그친다면 코더 이상의 프로그래머가 될 수 없다. 모방으로부터 시작하지만 그 이상의 가치를 만들어 내면 그것은 창조가 된다. 창조적 모방이 곧 창조다. 우리의 상상력은 '프로메테우스의 불'이 될 수 있다.

실리콘 밸리의 창조적인 IT 기업들의 역사가 바로 그러한 가치를 만들어 낸 생생한 사례일 것이다. 대표적인 창조적 모방은 사용자 인터페이스^{UI}에 관한 것이다. 그 중에서도 백미는 애플이 제록스의 마우스와 그래픽 사용자 인터페이스^{GUI: Graphic User Interface}를 모방하여 개발한 매킨토시이다. 당시 미국 팔로알토에 있던 제록스 연구소는 수많은 소프트웨어 기술의 요람이었다. 제록스 연구소에서 발명한 기술들의 오늘날 가치는 23조 달러에 이른다. 스티브 잡스는 1979년 제록스 연구소를 방문했을 때 GUI 기술을 보고 미래를 확신한다. 일부는 애플이 제록스 파크의 GUI를 베꼈다고 비난한다. 그것은 단순한 모방이 아니라 올림포스 산에서 불을 훔쳐서 인간에게 주었던 프로메테우스처럼 잡스가 제록스 파크에 방치되어 있던 GUI를 대중에게 돌려준 기념비적인 사건이다. 단순 모방에 그치지 않고 부가적인 가치를 더함으로써 개인용 컴퓨터 분야에서 GUI 대중화를 만들어 낸 것은 누구도 부인할 수 없는 공적이다.

사용자 인터페이스
U&I

....

컴퓨터를 사용하면서 마우스를 쓰지 않는 사람은 드물다. 그리고 현 시대에 도시에서 쥐를 보는 것은 드문 일이므로, 먼 훗날 영단어 사전의 마우스^mouse 항목의 처음에 쥐 대신 컴퓨터의 구식 입력장치라는 설명이 먼저 나오게 될지도 모른다. 먼 미래의 인간은 마우스 대신 더 첨단의 입력 장치를 쓸 가능성이 크다.

많은 이들이 잘못 알고 있는데, 제록스 연구소가 처음으로 마우스를 발명한 것은 아니다. 마우스는 1963년 스탠퍼드 연구소의 빌 잉글리시와 더글라스 엥겔바트가 처음으로 고안해 냈다. 마우스는 오늘날 사용자 인터페이스^UI에서 핵심적인 부분이다. 사람이 사용하는 데 가장 편리한 방식을 고민하고 또 고민한 결과 탄생한 것이 바로 마우스다. 실리콘 밸리의 역사는 1968년 12월 샌프란시스코 브룩 홀의 국제 컴퓨터 회의에서 시연된 더

글라스 엥겔바트의 NLS^{oNLine System}의 데모로부터 시작되었다. NLS 단말기는 화면과 키보드, 마우스로 구성되어 있었다. 오늘날 개인용 컴퓨터와 같은 구성이다. 개인용 컴퓨터라는 것도, 인터넷이라는 것도, 사용자 인터페이스라는 것도 아무것도 없던 시절 엥겔바트의 NLS 데모를 통해 사용자 인터페이스^{UI}라는 새로운 개념이 탄생하게 된다.

NLS 데모 시스템(이전까지 PC 입력 장치는 키보드와 왼쪽에 있는 명령어 입력 기기가 전부였지만, NLS에서 GUI 사용을 위해 마우스가 처음으로 등장했다.)

세계 최초로 마우스를 선보였고 NLS에 사용된 네트워크 기술은 오늘날의 인터넷의 시조인 아르파넷^{ARPANET}의 기초가 된다. 엥겔바트는 어떻게 텍스트와 이메일을 편집하는지 시범을 보였고, 오늘날 사용되는 채팅 프로그램의 초기 버전을 보여주기도 했다. 오늘날이야 누구에게나 익숙한 것들이지만, 천공카드를 사용해서 프로그래밍을 하던 시절이었으니 당시 사람들에게는 그야말로 충격적인 데모였다. 시연 전날까지 세상의 어떤 누구도 컴퓨터를 그렇게 사용한 사람은 없었다. 그 날의 시연은 이후 '모든 데모의 어머니^{Mother of All Demo}'로 불리게 된다. 엥겔바트 역시 인간-컴퓨터 간 인터페이스^{HCI, Human Computer Interface}*의 아버지라 불리게 된다. 원래부터 엥겔바트는 미래의 컴퓨터는 사람들의 소통과 협업을 위한 도구여야 한다

* 사람이 컴퓨터를 사용하기 위한 입출력 인터페이스와 주변 기기들을 말한다

고 믿었다. 그래서 그가 주목한 것은 사용자 인터페이스였다. 당시까지 컴퓨터 세계의 관점은 인간이 아닌 컴퓨터에 치우쳐 있었다. 더 빠른 컴퓨터, 더 정확한 컴퓨터가 중요했다. 사람이 컴퓨터에 맞춰야 했다. 컴퓨터를 사용하는 것은 사람이고, 컴퓨터의 목적 역시 사람을 위한 것이어야 한다는 발상은 지금은 자연스러운 것일 수 있으나 그 당시에는 그런 인식 자체가 일반적이지 않았다. 연구원이나 학자가 아닌 일반인이 컴퓨터를 직접 사용한다는 것이 터무니없는 일로 여겨졌기에 사람을 위한 인터페이스를 고민한다는 것 자체가 의미 없는 일이었다.

이제는 UI가 제품의 성패를 판가름하는 요인이 된 지 오래다. 그리고 UI를 넘어서 가장 편리하면서 인간친화적인 경험을 제공해 주는 UX^User Experience 없이는 시장에 명함을 내밀 수 없는 시대다. 빠르고 정확한 컴퓨터는 그 자체가 목적이 아닌 더 좋은 UI와 UX를 제공해 주기 위한 수단이 되었다. 이제 소프트웨어의 본연의 품질보다는 소프트웨어가 제공하는 UI와 UX 자체가 소프트웨어의 품질로 통용되기 시작했다. 디자인 역시 마찬가지다. 이제 겉으로 보이는 외양만이 디자인이 아니다. UI와 UX가 곧 제품의 디자인이 되었다. 어떻게 보이느냐가 아닌 어떻게 기능하느냐가 새로운 디자인 철학이 된 것이다.

우리는 자연스럽게 랩톱 컴퓨터를 켜고 화면에 있는 브라우저 앱을 마우스로 더블클릭해서 인터넷에 접속한다. 두 살짜리 아기조차 아무것도 가르쳐 주지 않아도 아이패드 화면의 뽀로로 아이콘을 클릭하고 두 손가락을 사용해서 화면을 조작할 수 있다. 더 이상 사람들은 사용 설명서를 읽지 않는다. 대중들에게 이미 익숙한 사용자 친화적인 소프트웨어 기능은 마치 자연스럽게 발생한 것처럼 보이지만, 실상은 엥겔바트를 비롯한 프로메테우스 개발자들이 없었다면 세상에 나오지 못했다. 1970년대 제록스 연구소^Xeros PARC에서는 엥겔바트로부터 영감을 받은 많은 개발자들이 여러 가지 혁신적인 기술을 만들어 냈고, 그 중의 하나가 스티브 잡스가 대중화시킨 그래픽 사용자 인터페이스GUI다.

컴퓨터 GUI의 창시자인 앨런 케이는 제록스 연구소의 전성기를 만들어 낸 천재 개발자다. 스몰토크Smalltalk라는 최초의 객체지향 프로그래밍 언어를 개발한 이 역시 앨런 케이다. 앨런 케이 역시 엥겔바트와 마찬가지로 컴퓨터는 단순한 계산 도구가 아니라 소통을 위한 도구여야 한다고 생각했다. 따라서 개인이 컴퓨터를 사용할 수 있어야 한다는 생각을 하게 되었고 사람들이 사용하기 가장 편리한 컴퓨터 시스템을 고민하게 된다. 그가 가장 먼저 떠올린 아이디어는 일을 하고 있는 사무실의 풍경이었다. 평범한 사무실 안을 한번 상상해 보자. 책상이 있고, 서류들을 담고 있는 캐비닛이 있다. 책상 위에는 작업에 필요한 여러 도구들이 널려 있고 사무실 한쪽에는 휴지통이 있다. 앨런 케이는 사무실을 그대로 컴퓨터 화면에 옮기려는 구상을 하게 된다. 당시 제록스 연구소에서 화면상의 이미지들을 메모리의 비트들로 나타낼 수 있는 비트맵 디스플레이 기술을 개발했기에 가능한 아이디어였다. 지금은 너무나 당연한 기술이지만 당시는 그 누구도 상상하지 못했던 발상이었다. 앨런 케이의 개발팀은 GUI 개발에 착수한다. 기존에는 파일을 삭제하기 위해서는 텍스트로 표시되는 콘솔 스크린console screen에서 키보드로 커맨드를 타이핑해야 했다. 하지만 GUI가 동작하는 컴퓨터에서는 삭제하려는 파일을 선택해서 휴지통 아이콘으로 옮기면 파일이 삭제되었다.

Console user interface

Graphic user interface

파일 삭제 인터페이스의 변천

제록스의 개발자들은 휴지통 아이콘을 설계하고 사용자가 파일을 삭제할 때 어떤 효과를 낼 것인지와 같은 세심한 부분에도 정성을 기울였다. 파일이 삭제될 때 '띵동' 하는 알림음을 재생할 것인지, 휴지통 위로 꼬이는 파리들을 보여줄 것인지, 별 중요해 보이지 않는 다양한 시도가 계속되었다. 프로그래머와 개발자들은 컴퓨터에겐 중요하지 않지만 사람에게는 중요할 수도 있는 것들을 보기 시작했다. 컴퓨터가 아닌 인간을 위한 소프트웨어가 개발되기 시작한 것이다. 우리는 컴퓨터를 사용하면서 바탕화면의 파일을 휴지통 아이콘으로 옮기고 이내 바스락 소리가 나면서 파일이 지워진다는 알림을 무심히 바라보지만, 50년 전 그런 동작은 그 자체로 혁명이나 다름없었다. 앨런 케이는 그가 말한 그대로 미래를 예측하는 가장 좋은 방법이 미래를 만드는 것이라는 것을 몸소 보여주었다.

UI의 등장으로 컴퓨터가 아닌 인간의 행동을 예측하고 이해하고 이를 소프트웨어 설계에 반영하는 것이 새로운 패러다임으로 자리를 잡았다. UI는 U^{You}와 I를 연결한다. 컴퓨터와 사용자뿐만 아닌 개발자와 사용자를 이어준다. 기계와 사람을 연결하는 기술이다. 그렇기에 UI는 인문학이다. 소프트웨어 역시 인문학으로부터 단절될 수 없다. UI는 하나의 사례에 불과하다. AI가 선도하고 있는 테크놀로지 시대의 부흥은 역설적으로 기술 자체가 아닌 인간이 만들어 내는 인간적인 가치에 달려 있다. 결국 기술이 성공하기 위해서 기술은 인간을 향해 있어야 한다. 컴퓨터 화면 밖에는 무한한 저 너머의 공간이 있다. 우리가 살아가고 있는 이 세계이며, 진정한 창조의 공간이다. 새로운 가치를 만들어 내기 위해서는 사람을 보아야 한다. 기술이 사람으로부터 가치를 찾는 것, 그것이 프로메테우스가 인간에게 불을 가져다 준 진짜 이유가 아닐까?

소프트웨어
르네상스

과학자는 늘 미래만 말하고
인문학자는 늘 과거만 이야기한다.

영국의 소설가이자 물리학자, C.P. 스노우

"인문학은 문과 애들이 하는 거 아닌가요?"

이전 직장에서 한 후배 개발자에게 들었던 말이다. 필자의 전작인 <개발자 오디세이아>를 출간했을 즈음이었다. 그냥 개발만 잘하면 되지, 무슨 개발자가 인문학 타령이냐는 말도 들었던 때였다. 나름 진지하게 묻길래 나 역시 나름 진지한 표정을 지으며 대답해 주었다.

"동구야, 인문학은 사람이 하는 거야."

인문학의
정의

인문학이라고 하면 흔히 문사철을 떠올리게 된다. 문사철은 문학, 역사, 철학을 말한다. 이공계 출신이 별 관심을 두지 않는 과목들이긴 하다. 군이 인문학에 대한 정의를 내리자면, 사람을 공부하는 학문이라는 아주 광범위한 정의부터 교과목으로서의 인문학, 즉 대학에서 배우는 교양 과목인 리버럴 아트liberal arts라는 좁은 의미의 정의까지 모두 가능하다. 리버럴 아트는 원래 서양에서 중세부터 르네상스 시대까지 젊은이들에게 가르쳤던 7가지 자유 문예 과목을 말한다. 문법, 논리학, 수사학, 산수, 기하, 역사, 천문학이다. 철학은 모든 학문의 근간을 이루기 때문에 별도의 학문으로 취급되지 않았고, 문학은 당시 학문으로 인정받지 못하던 시기여서 지금의 교과목과는 차이가 있다.

중세 유럽의 교육은 두 가지 범주로 이루어졌다. 하나의 범주는 문법, 논리, 수사학이었고 나머지 범주는 산수, 기하, 역사, 천문학이었다. 중세의 교육 목표는 전인적인 교양인을 양성하는 것이었다사실 현대의 교육 목표도 전인교육이지만 실제로 그러한지는 의문이다. 교육의 첫 단계는 문제를 정립하는 것이다. 중세 유럽의 교실에서는 명제를 만들고 문제를 정의하는 훈련이 먼저 이루어졌다. 그 다음은 산수, 기하, 역사, 천문학에서 배운 것을 바탕으로 문제를 해결하는 훈련을 했다그 당시 천문학 수준이라고 해 봤자 점성술 정도 수준이어서 지금의 천문과학과는 괴리가 있다. 교육 목표의 핵심은 다양한 문제를 정의하고 문제를 해결하는 역량을 기르는 것이었다. 정리하자면 문제를 어떻게 정의하고 접근할 것인가 그리고 최선의 해결 방법은 무엇인가가 인문학을 배우는 목적이 되는 셈이다.

문제를 잘 정의하고 정의한 문제를 잘 해결하는 것이 인문학의 취지라면 궁극적으로 우리는 또 다른 질문에 맞닥뜨릴 수밖에 없다. 바로 '무엇이 문제인가'라는 질문이다. 이 질문을 다르게 표현하면 '무엇을 해야 하는가'라고도 말할 수 있다. 이 지점부터 인문학의 경계는 단순한 교양 과목 차원을 넘어서게 된다. 질문을 앞으로 되감기를 하다 보면 결국 '나는 누구이고 나를 둘러싼 이 세계는 무엇인가'라는 근원적 질문에 봉착하게 된다. 고대 그리스의 철학자 소크라테스가 사용했던 문답법이 그러했다. 소크라테스는 지식을 가르쳐 주는 대신 상대방에게 계속 질문을 던지고 대답을 반복하게 함으로써 상대방이 무엇을 모르고 있는지를 자각하게 했다. 무지를 깨우친 이는 근원적인 최초의 질문을 찾을 수 있게 되었다. 결국 모든 것이 철학의 문제가 된다.

모든 철학의 시발점은 비슷하다. 서양 철학의 시발점이 *"세계는 무엇으로 되어 있는가"*라는 질문이라면 동양 철학은 *"나는 누구인가"* 정도 되지 않을까 생각한다. 요지는 끝없는 질문과 성찰이다. 소프트웨어를 만드는 일도 크게 다르지 않다. 문제를 정의하는 것을 체계적으로 하기 위해 소프트웨어 요구공학이라는 기술이자 학문 분야가 생겨났다. 정의된 문제를 해결하기 위한 체계적인 접근 방법이 소프트웨어 설계다. 소프트웨어 개발에 있어서 문제를 정의하고 해결하는 것은 해당 분야에 대한 훈련과 경험으로 가능한 일이다. 군이 전인교육이나 인문학을 들먹이지 않아도 소프트웨어를 개발하고 프로그래밍할 수 있다. 하지만 '무엇이 문제인가'를 알아내는 일은 기술만으로 가능하지 않다. 상상력이 필요하고, 다양한 분야에 대한 통섭이 요구된다. 서로 다른 분야를 접목하고 새로운 가치를 찾아내는 것이 통섭의 능력이다.

기술과 인문학의
크로스오버

....

　　스티브 잡스가 아이팟과 아이폰을 들고 나오면서 기술과 인문학의 접목을 말했을 때 그가 추구했던 것은 사람을 우선하는 인문학의 본질적 가치였겠지만, 이를 다르게 보는 시선도 적지 않았다. 근래에 넘쳐나는 인문학이라는 워딩은 인간에 대한 학문으로 변신한 자본주의와 마케팅을 위한 심리학 또는 처세의 기술일 뿐이라고 성토하는 목소리도 많다. 인문학을 표방하는 수많은 서적과 미디어는 단지 상품 가치를 높이기 위한 수단에 불과하다는 비판이 만만치 않다. 어떤 인문학자들은 아무데나 인문학이라는 단어를 그냥 다 갖다 붙이면 안 된다고 말한다. 이 책 역시 그러한 비판에서 자유로울 수는 없다. 저질 인문학의 범람은 충분히 우려할 수 있는 대목이다. 다만 편협스러워져서는 안 된다. 아무런 노력도 없이 인문학이란 무늬만 가져다 쓰는 것은 비판받을 수 있겠지만, 단지 그 수준이 정통 인문학에 미치지 못한다 하여 다양한 인문학적 시도들을 폄하해서는 안 된다. 그런 사고는 조선의 근대화를 막은 성리학자들과 다르지 않다. 소주와 와인은 똑같은 술이다. 기호가 달라서, 가격이 달라서 주관적인 가치들이 개인별로 달라질 뿐이다.

인문학에 있어 무엇이 옳고 무엇이 그른지에 대해서는 단언할 수 없다. 전부 주장이며 관념일 뿐이다. 인문학은 정답을 제시해 주는 학문이 아니다. 인문학은 특정한 기술이나 처세술은 아니지만 삶의 기술이 될 수 있다. 특정한 기술이나 학문 분야를 넘어 그 기술과 그 학문을 만들거나 사용하는 사람을 바라보는 것이 인문학이다. *"모든 인문학은 고유명사이기 때문에 궁극적으로 인문학자가 지향하는 것은 자신의 학문을 만드는 것이다."*라는 철학자 강신주의 말은 전적으로 옳다. 원래 인간들은 분류하는 것을 좋아해서 이런저런 규칙과 범주에 따라 이름을 만들고 구분 짓는다. 어렸을 때 봤던 만화영화의 등장인물은 딱 두 종류로 구분된다. 우리 편 혹은 나쁜 놈이다 ^{나쁜}

편이라는 말은 없다. 우리 편이 아니면 무조건 못된 놈이다.

내 편 아니면 네 편식의 이분법은 학문의 영역에서 유난히 심하다. 과학이라는 명칭 자체가 그 상징적인 예시일 듯하다. 과학학이라는 용어 자체는 분절된 학문의 집합을 의미한다. 생물학, 물리학, 동물학, 식물학 등 일반인들이 알고 있는 일반적인 분류를 제외하고도 수많은 분류와 명칭이 존재한다. 과학, 철학, 공학, 의학 등 우리가 쓰고 있는 근대적 용어들은 일제 강점기에 들어온 것들이다. 일본의 철학자 니시 아마네가 서양의 사이언스를 받아들여서 한자로 변환해 놓은 용어다. 과거 몇백 년 동안 사람들은 수학, 물리학, 심리학, 철학을 구분하지 않았다. 수학은 서기 300년경 철학에서 분리되기 시작했고, 물리학은 약 1600년경부터 별도로 취급되었다. 심리학과 철학을 구분하기 시작한 것은 겨우 1900년대 이후다. 고대 그리스에서는 과학과 철학, 인문학이 분리되어 있지 않았다.

<싸우는 인문학>의 저자인 서강대 서동욱 교수는 인문학은 일종의 편집증 때문에 생긴 것이라고 말한다. 고대 그리스인들이 세세한 학문 분류를 하지 않았던 이유는 그럴 필요가 없었기 때문이었다. 생각을 펼치기 위해 철학이라는 학문을 따로 만들 필요가 없었다. 후에 로마인들이 인간다움, 즉 후마니타스humanitas를 닦는 교육을 목적으로 철학이나 수사학 등 그리스인들이 관심을 기울였던 학문들을 묶었다. 서양에서 이 학문들을 대표하는 이름이 '후마니타스'가 되었고, 이를 한자말로 옮긴 것이 인문학이다. 인간다움에 대한 연구를 하는 학문 - 이것이 인문학에 대한 가장 적확한 정의라고 생각한다. 이런저런 내용이 가벼우니 무거우니 하는 인문학에 대한 논란들은 다 부질없다. 인간과 인간의 삶은 가벼울 수도 있고 무거울 수도 있다. 결코 딱 잘라서 정의할 수 없다.

1장

다양성의 힘:
르네상스가 필요한 이유

....

인류의 지성이 시작된 근원을 보통 고대 그리스로 본다. <지식의 역사>의 저자인 찰스 밴 도런에 따르면 인류 역사상 지식의 폭발은 두 번 있었다. 첫 번째가 고대 그리스였고, 두 번째는 중세 이탈리아의 르네상스 시대다. 고대 그리스 시대에는 지식의 보편성이 구축되었고, 르네상스 시대에는 과학 기술과 예술이 함께 부흥하면서 인류의 지성이 크게 진보했다. 이제 인류는 세 번째 지식의 폭발 시대를 맞이하고 있다. 산업혁명으로 시작되어 인터넷과 스마트폰으로 대변되는 정보혁명의 시대에 접어들었고 이제 그 선두에는 AI가 자리하고 있다. 과학과 기술이 발달할수록 우리가 살고 있는 실제 세계에서 쓸모없어 보이는 것들은 점차 소외되고 있다. 예술과 인문학은 여전히 가치를 인정받지만 기술과 달리 예술이나 인문학의 효용은 바로 드러나지 않는다.

반면 고대 그리스에서는 예술이 무엇인가를 가공해서 만든다는 점에서 기술과 다르지 않은 대접을 받았다. 예술^{ART}이라는 단어는 고대 그리스어 테크네^{Techne}로부터 비롯되었다. 테크네가 라틴어 아르스^{Ars}로 번역되어 지금의 아트가 되었다. 테크놀로지는 분화되어 예술과 다른 길을 걸어왔지만 아트는 지금도 기술이라는 뜻으로 사용되곤 한다. 에리히 프롬의 저서 <The Art of Loving>이 '사랑의 예술'이 아니라 '사랑의 기술'로 번역되는 것이 그 단편적인 예라고 할 수 있다.

그리스 올림포스의 신들 중 미의 여신 비너스와 대장장이의 신 불카누스는 부부 사이다. 비너스는 미의 대명사이지만, 불카누스는 신들 중에서 가장 추한 외모를 가진 데다 절름발이였다. 불카누스는 새로운 것들을 많이 발명해 냈는데, 그가 발명한 것들 중 인간에게 해로운 것들도 적지 않았다.

그중 하나가 최초의 사이보그 여성인 판도라다. 불카누스는 판도라를 만들었고, 판도라의 상자 또한 만들었다. 판도라의 상자 속에는 죽음과 질병, 질투와 미움과 같이 인간에게 해악이 되는 온갖 것들이 들어있었다. 판도라가 상자를 열면서 인류의 재앙이 시작된다. 인류의 역사를 되짚어 보면 기술은 풍요만을 가져다 주지 않았다. 기술은 양면성을 가지고 있다. 희생을 감수하면서까지 인류에게 불을 가져다 준 프로메테우스적 특성이 겉으로 드러나지만, 그 이면에는 최고의 욕망을 위해 자신의 영혼을 악마에게 팔아버린 파우스트적인 속성 또한 존재한다. 역사적으로 기술을 견제할수 있는 수단이 없을 때 기술은 악이 되었다. 기술을 견제할 수 있는 수단은 기술이 아닌 비非기술에 있다. 이것이 아름다운 비너스와 추한 외모의 불카누스가 부부가 된 이유일 것이다.

예술과 인문학은 다양성을 추구한다. 개별성을 존중한다. 고대 중국에서 학문과 사상, 또한 기술이 가장 발전했던 시기는 춘추전국시대였다. 잦은 전쟁으로 격동하는 시대에 사상과 문화가 꽃피울 수 있었던 이유는 다양성에 있었다. 철학자 강신주는 제자백가로 대변되는 춘추전국시대 중국 철학의 발전을 연꽃에 비유한다.

비너스와 마르스를 놀라게 하는 불카누스

"제자백가는 연꽃에 비유할 수 있는데, 연꽃은 진흙탕에서 피거든요. 시궁창처럼 더러운 데에서 피지만 꽃이 피면 썩은 냄새가 안 나요. 제자백가는 자신들이 나름 연꽃 같은 역할을 한다고 생각한 거예요."

제자백가의 시대에는 어떤 사상도 지배적인 지위를 차지하지 못했다. 수많은 사상이 아무런 제약 없이 서로 맞부딪히고 생성과 소멸을 되풀이하였다. 이 찬란한 불꽃놀이를 통해 '백화제방'으로 불리는 다양한 사상이 활짝 피어났다. 지식은 다양성 속에서 축적되고 폭발한다. 그리고 다른 문화와 지식과 융합하여 또 다른 문명을 낳는다. 고대 그리스 문명, 즉 헬레니즘은 헤브라이즘^{기독교}과 만나 중세를 탄생시키게 된다.

안타깝게도 모든 융합이 긍정적인 결과만을 가져오지는 않는다. 헬레니즘과 헤브라이즘이 결합한 중세의 서막은 결국 기독교의 승리로 끝이 난다. 다양성은 사라졌다. 오직 유일신의 권능만이 세계의 기준이 된다. 교회의 권위는 인간의 모든 행위를 속박했다. 뛰어난 인재들은 신학 연구에만 몰두하게 된다. 고대 왕들이 백성을 지배하기 위해 신권을 장악했듯이 신이라는 절대적 존재가 지배층을 위한 체제의 안정을 만들어 냈다. 신의 권위는 지배층들에게 '멋진 신세계'를 유지시켜 주는 힘의 근원이었다.

1932년 올더스 헉슬리가 쓴 <멋진 신세계>에서 그려지는 미래 세계는 모든 것이 획일화되어 안정된 세계로 기술의 지배를 받는다. 모든 인간은 엄마의 자궁이 아닌 공장의 시험관에서 잉태되며 컨베이어 시스템에 실려 생산된다. 가장 최하위 계급으로 분류된 아기들은 약물이 주입되어 열등한 유전자를 가지고 태어나고 반복적인 교육과 훈련으로 절대적으로 체제에 복속하는 앱실론 계급으로 평생을 살아간다. 중세의 신본주의자들에게는 중세는 멋진 신세계였다. 직업과 계급은 신이 부여한 것으로 거역할 수 없는 천명이었다. 인도의 카스트 제도에서 불가촉천민이 짐승보다 못한 취급을 받아도 당연하다고 생각했던 것처럼 중세의 백성들은 태어날 때부터 자신에게 씌워진 굴레에 충실해야만 했다. 스미스라는 성을 가진 아이는 대장장이가 되었고, 카펜터라는 성을 가진 아이는 목수가 되었다. 헉슬리의 <멋진 신세계>에서는 하층민이었던 앱실론 계급 사람들도 '소마'라는 약물을 배급받을 수 있었는데, 소마는 부작용이 없이 인간을 기분 좋게 만드는 약물이었다. 근심 걱정이 있거나 불안해질 때 소마를 먹으면 모든 것이 해결되었다. 지배자들에게는 영화 <매트릭스>의 파란 약처럼 인간을 시스템 안으로 복종시키는 도구가 필요했다. 중세 시대 신과 종교는 통제의 상징임과 동시에 소마와 같은 역할 또한 가지고 있었다. 신에게^{엄밀히 말해 지배층에게} 억압받는 인간들은 다시 신에게서 구원과 희망을 찾았다.

약 천 년간의 중세시대는 하나의 커다란 사건을 통해 변화의 계기를 마련하게 되는데, 그것은 바로 십자군 원정이었다. 11세기부터 13세기에 걸쳐 교황의 요청을 받은 유럽 각국의 왕들과 기사들이 팔레스타인과 예루살렘 원정을 강행했고, 이 과정에서 동서 문화가 융합되게 된다. 십자군 전쟁 이후 고대 그리스와 로마의 고전들에 대한 연구가 본격적으로 진행되고, '인간다움'에 대해 생각할 수 있는 계기가 만들어진다. 결과적으로 십자군 원정이 다시 다양성의 씨앗을 전 유럽에 뿌리게 된다. 그리고 그 씨앗은 르네상스라는 이름으로 찬란히 발화한다. 15세기 말 구텐베르크의 인쇄술은 전 유럽의 지식의 전파를 가속화시켰고, 다양한 지식과 기술이 서로 섞이면서 르네상스에 이르러 절정을 맞이한다.

르네상스의 영향으로 과학혁명이 발생했다. 인류의 첫 번째 과학혁명은 16세기 코페르니쿠스와 같은 과학자들이 새로운 우주론을 들고 나오면서 시작되었다. 지구가 우주의 중심이 아니라고 주장하는 것은 신을 부정하는 행위였다. 바야흐로 신이 아닌 다양한 인간들이 세계의 중심으로 다시 자리매김한 것이다. 르네상스는 고대 그리스 정신의 부활과 재생을 의미한다. 르네상스의 근간은 인본주의에 있다. 르네상스 시대 사람들은 자신의 마음을 더 이상 신에게서만 찾지 않게 되었다. 자신을 가꾸고 만들어 나가는 것은 신이 해주는 일이 아닌 자신의 책임임을 알게 되었다. 중세인들에게 삶이란 어떠한 일이 일어나는 것을 그냥 기다리는 시간에 불과했지만, 이제 르네상스에 이르러 삶은 어떠한 일을 직접 하는 것을 의미하게 된다. 종교는 중세의 아편이었고, 다양성과 창조성은 르네상스 시대를 만들어낸 각성제였다. 르네상스는 어떤 특정한 시기만을 말하지 않는다. 그것은 생활과 사유의 방식을 말한다. 르네상스는 상업, 전쟁, 사상의 통로를 통해 전 유럽으로 퍼져 나가게 된다.

불확실성의 시대: 인문학의 힘이 필요하다

....

　　　　21세기 인류는 자본주의와 테크놀로지가 결합된 새로운 종교의 시대에 들어섰다. 아직 아무도 지금을 중세의 데자뷔라 말하지 않지만, 먼 훗날 역사가 지금을 어떻게 기억하게 될지는 아무도 모르는 일이다. 지금이 중세와 다른 점이 한 가지 있다면 그것은 불확실한 것들이 점점 더 많아지고 있다는 것이다. 중세에는 신이라는 절대적 존재가 모든 것을 설명해 줄 수 있었다. 현대에 이르러 기술과 지식은 진보했지만 그만큼이나 불확실성 또한 늘어났다. 최첨단 기술과 AI는 삶의 불확실성과 혼란을 해소해 주지도 관리해 주지도 못한다. 지금 이 세계와 우리 삶의 불확실성은 과거 어떤 시대보다 크다. 물리학자 존 휠러는 우리의 지식으로 이루어진 섬이 커지면 커질수록 무지의 해변도 그만큼 더 커진다고 말한 바 있다. 진보하는 기술이 모든 것을 해결해 줄 거라고 믿는 것은 오산이자 오만이다.

확실성과 완전성을 추구하던 근대 과학은 20세기에 들어 불확실성이라는 벽에 부딪히게 된다. 물리학에는 불확실성 이론이 등장하고, 수학에는 불완전성 공리가 등장하게 된다. 1931년 괴델의 불완전성 공리는 수학은 완전하고 그 개념 세계에서 모든 진리는 입증될 수 있다는 믿음을 전복시킨다. 수학적으로 진리 진술임에도 불구하고 수학적으로 입증할 수 없는 진리도 있다는 것이 바로 불완전성 공리다. 물리학계에서는 더 큰 혁명적 패러다임이 등장하여 고전 물리학을 초토화시켰다. 하이젠베르크의 불확실성 이론은 객관적 실재 세계를 구성하는 최소 부분들이 객관적으로 존재할 수 없다는 것이다. 하이젠베르크는 이렇게 말했다.

> "우리는 더 이상 애초에 물질의 기본 구성 요소라고 믿어왔던 그것 자체를 궁극의 객관적 실체로 볼 수 없게 되었다. 그것들은 시간과 공간 속에서 그 어떤 형태의 객관적 위치도 보여주지 않기 때문이다."

원자는 분리된 실체가 아니며, 개별적인 사물처럼 행동하지 않는다는 것이다. 물질의 근원적인 세계에서는 독립된 기본 구성체라는 것이 없으며, 서로서로가 하나이자 또한 전체로서 존재하는 복잡한 그물망과 같은 관계만이 존재한다. 관찰자가 없으면 대상은 존재하지 않으며, 어떤 대상도 단지 관찰자와 그 관찰되는 대상의 상호작용에 의해서만 이해되고 존재할 수 있다. 네가 없으면 나도 없는 것이다. 노벨 화학상을 받은 바 있는 벨기에의 화학자 일리야 프리고진은 새로운 과학의 시대를 다음과 같이 말하고 있다.

> "세계를 자동기계로 보는 고전 물리학을 버리고 우리는 세계를 하나의 예술작품으로 보는 그리스적 패러다임으로 회귀하고 있다."

고대 그리스로의 회귀, 고대 그리스 정신의 부활과 재생, 이것을 우리는 르네상스라고 부른다.

확실한 결론과 답을 추구하는 과학과 기술에 있어 불확실성은 성가신 난제가 아닐 수 없다. 하지만 인문학에 있어 불확실성은 단지 하나의 명제일 뿐이다. 확실한 삶이 어디 있던가. 모든 인생이 전인미답의 길이다. 과학과 기술에서 얻을 수 있는 논리적 명확함은 삶에서는 절대적이지 않다. 인문학은 1+1은 2가 아닐 수도 있다고 말한다. 명확하지 않다. 인생과도 같다. 사람이니까 그렇다. 아날로그적 특성이다. 과학과 기술이 '앎'의 기술이라면 인문학은 '삶'의 기술이다. 어떤 것이 옳고, 다른 것이 그르다라는 문제가 아니다. 앎'은 '삶'으로 나아가야 하고, '삶' 역시 '앎' 없이는 껍데기에 지나지 않는다. 질문을 통해 정답이 아닌 최선을 찾고자 하는 것이 인문학이다. 과학과 기술은 답을 추구하고 인문학을 질문을 추구한다. AI 역시 오직 답을 추구한다. 하지만 인간은 질문을 추구해야 한다. 진정한 위험은 인간이 질문하기를 포기할 때에 온다.

<젊은 시인에게 보내는 편지>

마음속의 풀리지 않는 모든 문제들에 인내심을 가져라.

문제 그 자체를 사랑하라.

지금 당장 해답을 얻으려 하지 말라.

그건 지금 당장 주어질 순 없으니까.

중요한 건 모든 것을 살아 보는 일이다.

지금 그 문제들을 살라.

그러면 언젠가 먼 미래에, 자신도 알지 못하는 사이에

삶이 너에게 해답을 가져다 줄 테니까.

라이너 마리아 릴케

다시 그리스와 르네상스의 패러다임이 필요하다. 더 이상 하나의 기술만을 파는 것이 성공과 미래를 보장하지 않는다. 창조적 개발자의 길은 르네상스형 인간이 되는 길에 있다. 근래에 통용되는 개발자의 이상형은 T자

형 인재다. T자형 인재는 하나의 전문 분야에 깊은 전문성을 가지고, 다른 분야에서도 평균 이상의 소양을 가진 인재를 말한다. T자형 인재상은 의미론적인 이야기고, 실제 그림으로 표현하자면 삼각형이 될 것이다. 전문 분야에 가까운 기술일수록 더 두터운 능력을 가져야 한다. T자형 골조에 지식과 경험을 쌓으면 촘촘한 삼각형 인재가 될 수 있을 것이다. 예를 들어, 임베디드 리눅스 전문가라면 리눅스와 GNU 프로그램*과 같은 전문 분야뿐만 아니라 하드웨어의 원리와 최신 운영체제의 알고리즘에 대해서도 준전문성을 갖추어야 한다. 여기까지는 기술의 영역이다.

미래가 필요로 하는 인재상은 원뿔형이다. 원뿔형 인재는 기술뿐만 아니라 그 기술 분야에 새로운 가치를 만들 수 있는 인문학적 소양 또한 갖춘 인재를 말한다. 물고기를 잡는 방법만이 아닌 물고기를 왜 잡아야 하는지에 대한 이유 또한 알고 있어야 한다. 이유를 알려면 질문을 해야 한다. 그리고 그 질문은 기술이 아닌 사람에게 향해 있어야 한다.

T자형 인재와 원뿔형 인재

우리는 지금 프로그래밍을 하느냐 당하느냐의 갈림길에 서 있다. 기술에서만 그 활로를 찾는다면 그 갈림길은 점점 좁아질 것이다. 기술에만 치중된 평면적 개발자가 아닌, 다양한 분야에 지식과 경험을 가진 원뿔형 인재

* 리처드 스톨만이 설립한 Free Software Foundation이 추진하는 UNIX형 운영체제에 연동되는 프로그램들

가 르네상스형 인재다. 미래는 평면적인 기술자가 아닌 입체적 인재를 요구하고 있다. 원뿔의 체면적이 커지면 커질수록 품을 수 있는 세계 또한 커진다. 시대를 선도하는 프로메테우스 개발자의 길이다. 원의 크기가 커질수록 영향력은 커진다. 원의 크기가 창조력과 통섭의 능력치다. 창조력과 통섭의 아버지는 다양성과 생각의 전환이며 그 열쇠는 인문학에 있다. 삼각형을 채울 수 있는 기술적 지식과 경험과 마찬가지로 원의 지름을 넓힐 수 있는 인문학적 지식과 경험 역시 채워 나가야 한다.

개발자의 메타버스:
사람을 향하는 디지털 유니버스

수백만 년 동안 우리는 성능이 향상된 침팬지로 살았다.
그리고 미래에는 특대형 개미가 될지도 모른다.

이스라엘의 작가, 유발 하라리

내 인생
첫 창조의 순간

················

내 인생의 첫 코딩은 중학교 1학년 때였다. 지금은 갤럭시 스마트폰을 만드는 회사가 제일 잘 나가는 전자제품 회사지만 그 당시에는 세상은 넓고 할 일은 많다고 말하던 재벌 회장님의 회사^{대우전자}가 우리 나라에서 제일 잘 나가던 회사였고, 그 회사에서 나온 엄지 척 마크가 새겨진 PC가 내가 처음으로 접한 컴퓨터였다. 16비트 IBM-PC 호환 컴퓨터였고 운영체제는 마이크로소프트의 MS-DOS였다. 플로피 디스크를 끼우고 전원을 켜면 화면 가득 알 수 없는 메시지들이 줄줄이 나오면서 컴퓨터가 켜졌다. 깜빡깜빡이는 프롬프트에 내가 원하는 커맨드를 입력하면 컴퓨터는 즉시 그 대답을 나에게 보여줬다. 베이직^{GW-Basic}은 번들 형태로 들어 있던 프로그래밍 언어였는데, 별도의 컴파일이 필요 없는 인터프리터 프로그래밍 언어였다. 도형을 그리라는 코드를 넣으면 화면에 도형이 그려졌고, 음계를 연주하라는 코드를 짜서 넣으면 컴퓨터의 스피커에서는 디지털 사운드가 울려 퍼졌다. 1990년대 삐삐나 초창기 휴대폰의 벨 소리보다 못한 삑삑거리는 단조로운 멜로디에 불과했지만 당시 내게는 베토벤 교향곡 부럽지 않았다. 좋아하던 가요의 음계를 프로그램 코드로 만들어 재생시키고 그것을 다시 카세트 테이프에 녹음했다. 친구에게 테이프를 들려주며 마치 전자 기타를 연주하는 뮤지션이라도 된 것마냥 뿌듯해했다. 부모님 몰래 매일 새벽에 일어나서 컴퓨터 전원을 켰다. 컴퓨터와 프로그래밍의 세계에 빠졌다. 조잡하지만 * 또는 # 같은 기호들로 이루어진 길 찾기 게임도 만들었다. 코흘리개 동생에게 게임을 시켜주며 마르쿠스 페르손^{마인크} ^{래프트 개발자}이라도 된 것마냥 으스댔다.

소프트웨어 개발자들이 가장 희열을 느끼는 순간은 자신이 만든 소프트웨어가 살아서 움직일 때다. 그때 소프트웨어는 단순한 개발 산출물 수준을 넘어서 프로메테우스가 숨결을 불어서 만든 인간이 된다. 작가에게 있어 본인의 책이 산고 끝에 나온 자식과도 같은 존재이듯, 개발자에게 코드와 소프트웨어는 때론 개인의 혼을 담은 예술 작품이 될 수 있는 것이다. 오락실에서 50원짜리 동전을 넣고 비행기를 조종하던 꼬맹이에게 그 비행기와 그 게임 화면 자체를 만들 수 있는 힘이 생겼다. 단순히 하나의 캐릭터로서 게임 안에서 주어진 생명만큼의 시간을 사는 것과 그 시공의 한계를 직접 만드는 것은 차원이 다른 일이었다. 내가 그린 그림이 살아 움직였고, 내가 쓴 글이 내게 말을 걸어왔다. 구슬치기나 딱지치기와 같은 오프라인 놀이에 젬병에다가 동네 아이들과의 골목놀이에서 항상 열등했던 나였지만 좁은 방안 16비트 컴퓨터 세계에서는 내가 곧 신이었다. 내가 규칙을 만들었고, 마음에 안 들면 모든 것을 내 마음대로 바꾸었다. 내가 만들고 저장하고 때론 삭제하는 수많은 디지털 데이터, 신이 어쩌면 이런 모습일지도 모른다는 생각을 하게 된 것은 이상한 일이 아니었다.

디지털 세계의 신

유발 하라리는
그의 책 <호모 데우스>에서
호모 사피엔스가 신이 되기를 원한다고
썼다. '데우스'는 그리스어로 신을 의미한다. 구석기의 원시인에게 현대인
의 모습은 신에 가까워 보일지도 모른다. 그리스인들에게 첨단 무기로 무
장한 현대전의 군인은 전쟁의 신 아레스로, 성형과 화장으로 미를 뽐내는
여인들은 미의 여신 비너스로 보일지 모른다. 실제로 인간은 신에 더 가까
워졌을까? 생명공학과 의학의 발달로 노화는 늦어지고 있다. 죽음을 초월
하려는 시도는 유사 이래로 계속되어 왔고, 테크놀로지는 인류에게 그 가
능성에 대한 희망을 점점 더 불어넣고 있다. 인류는 이미 하늘을 날 뿐만
아니라 우주로 나아가고 있다. 먼 옛날 토끼가 방아를 찧던 달나라뿐만 아
니라 우주의 행성에 인간의 발자국은 점점 많아질 것이다. 이것이 신에 가
까워지는 인간의 모습인가?

모든 것을 통제하는 것이 신이다. 하지만 테크놀로지가 지배하는 이 세계
에서 한 개인의 통제력의 범위는 점점 좁아지고 있다. 도리어 현실 세계에
서 인간은 잘 동작하는 하나의 컴퓨터 부속품과 같아지고 있다. 조지 오웰

의 소설 <1984>의 빅 브라더와 올더스 헉슬리의 <멋진 신세계>에 나오는 소마부작용이 없는 마약는 없지만 그 소설들에서 묘사하는 디스토피아적인 미래는 결코 다른 세상 이야기일수만은 없다. 내 몸뚱아리와 내 사고마저도 현대 사회의 기술적 통제 시스템으로부터 자유로울 수 없다. 우리는 통제하기는커녕 통제당하고 있다. 통제할 수 없는 신은 신이 아니다. 사람은 통제할 수 없는 것이 늘어나면 늘어날수록 무기력해진다. 자신이 마음대로 할 수 없는 것이 점점 늘어나서 결국 자신마저도 마음대로 할 수 없는 것이 죽음이다. 죽음은 결코 생물학적인 죽음만을 말하지 않는다. 더 이상 돈을 벌 수 없으면 직업적으로, 경제적으로 죽은 것이다. 다른 사람들과 일체의 교류를 하지 않는다면 사회적으로 죽은 것이다. 보란 듯이 잘 살아가고 싶지만 녹록지 않은 것이 현실이다. '내 맘대로 되는 것이 하나도 없네.'라고 읊조리지만 꼭 그런 것만은 아니다. 이제 우리에게 마음대로 통제할 수 있는 것들이 다시 늘어나고 있다. 현실이 아닌 가상 세계에서 말이다.

내가 통제하는 세상:
메타버스

················

요즘 AI만큼이나 핫한 키워드가 '메타버스'다. 메타버스는 가상의 유니버스를 말한다. 닐 스티븐슨의 SF소설 <스노크래시>에서 유래했다. 2009년 제임스 카메론이 만든 영화 <아바타>가 히트할 당시만 해도 메타버스는 영화적 상상력에 지나지 않았지만, 가상현실VR과 증강현실AR 기술이 발달하면서 관련 산업도 무서운 성장세를 보이고 있다. 단순한 사이버 세계와의 차이점은 참여자들이 그 세계에 행사하는 영향력에 있다. 2018년 스티븐 스필버그 감독의 <레디 플레이어 원>이 메타버스를 소재로 한 대표적인 영화다.

영화는 2045년 피폐해진 미래 사회를 시간적 배경으로 한다. 환경이 파괴되고 식량 부족에 시달리며 세계는 부유층과 빈곤층이라는 두 계급으로 나뉜다. 빈민가에 사는 10대 소년 웨이드는 가상현실 게임인 '오아시스'에 접속해서 대부분의 시간을 보낸다. 웨이드가 존경하는 사람은 오아시스를 창시한 괴짜 개발자인 제임스 할리데이다. 할리데이는 죽기 전에 자신이 가상현실 게임 오아시스 안에 숨겨둔 3개의 열쇠를 찾는 자에게 오아시스의 소유권과 그의 막대한 유산

영화 <레디 플레이어 원> 포스터

을 물려준다는 유언을 남긴다. 주인공과 친구들이 할리데이가 남긴 열쇠를 찾기 위해 고군분투하는 것이 영화의 주요 내용이다. 영화가 늘상 그렇듯이 주인공들의 앞길을 막는 적이 있다. IOI라는 거대 기업의 목적은 수단과 방법을 가리지 않고 상업적 이윤을 얻는 것이었다. IOI는 할리데이가 남긴 열쇠를 찾음으로써 오아시스를 소유하고 좌지우지하려 한다. 비싼 아이템으로 무장한 거대 기업 IOI의 캐릭터들에 비해 주인공들이 가진 힘은 변변치 않았다. 주인공과 그 친구들이 우위에 설 수 있는 유일한 강점은 그들이 단순한 게임의 구매자가 아닌 오아시스라는 유니버스를 이루는 구성원이라는 것이었다.

메타버스는 매트릭스와 같은 세계관을 지향하지 않는다. 함께 만들어 나가는 대동세상은 모두의 이상향이지만 현실에서는 어려운 일이다. 현실이 팍팍하면 할수록 메타버스는 현실을 대체하는 꿈의 공간이 된다. 시중에 넘쳐나는 가상현실 게임이나 포켓몬고 같은 증강현실 게임이 메타버스인지 아닌지는 단언할 수 없으나 메타버스는 구성원들이 그 세계의 규칙을 정하고 함께 만들어 갈 수 있는 무엇인가를 제공해야 한다는 점에서 단순한 가상현실과 다르다. 이런 특징에 가장 잘 부합하는 메타버스계의 선두 주자로는 로블록스가 있다.

로블록스 캐릭터

로블록스^{Roblox}는 사용자가 게임을 프로그래밍하고, 다른 사용자가 만든 게임을 즐길 수 있는 온라인 게임 플랫폼이다. 로블록스는 2010년대 하반기부터 무섭게 성장하기 시작했으며, 코로나 시대가 오고 언택트 문화가 활성화되면서 더욱 커졌다. 어린 시절 내가 만든 대로 동작하는 프로그램을 보며 희열을 느꼈던 것처럼 전세계의 수많은 어린이가 로블록스에서 컨텐츠를 만들고 창의성을 발휘하고 있다. 영리적인 회사에 종속된 플랫폼이지만 그 구성원들이 플랫폼을 성장시키고 만들어 나간다는 점에서 영화 <레디 플레이어 원>에 나온 '오아시스'와 같은 메타버스라고 할 수 있다. 게임 강국인 우리나라에는 이미 수많은 온라인 게임이 있고 하루가 멀다 하고 새로운 게임들이 쏟아진다. 단순한 온라인 커뮤니티로 그칠 것인지, 아니면 하나의 메타버스가 될 것인지는 어떤 창의적인 정책과 아이디어가 존재하는지에 따라 달라질 수 있다.

무엇이 진짜인지
헷갈리지 말자

....

　　적지 않은 이들이 점점 고도화되는 가상현실과 증강현실에 대한 부작용을 이야기한다. 쉽게 말해 그것들이 진짜 현실이 아니라는 것이 우려의 가장 큰 부분이다. 가상현실이 현실 도피 수단으로만 전락한다면 그들의 우려는 옳다. 현실과 완전히 괴리될수록 가상의 세계는 엑스터시와 같은 마약류와 다르지 않게 된다. 게임과 같은 가상현실뿐만 아니라 페이스북이나 인스타그램 같은 SNS도 마찬가지다. SNS의 맛있는 음식 사진과 리조트에서의 휴가 사진이 모든 진실을 말해주지 않는다.

가상현실과 SNS의 멋진 사진은 키치Kitsch다. 키치는 쉽게 말해 가짜다. 원래 키치는 고급 문화를 모방하는 저급함을 나타내는 말이었다. 완전히 가짜라고 볼 수는 없지만 그렇다고 진짜도 아니다. 화장한 채로 자고 일어나는 드라마의 여주인공과 같다. 눈곱은 찾아볼 수 없고 방금 화장한 듯 뽀샤시한 여주인공의 얼굴은 현실에서 있을 수 없다. 멋진 펜션에서 바베큐 파티를 하는 사진에는 눈을 맵게 하는 쾍쾍하고 뜨거운 연기가 나타나지 않는다. 네이버제트가 운영하는 증강현실 아바타 서비스인 제페토에 나오는 내 아바타의 피부는 언제나 매끈하다. 어젯밤 고민으로 잠을 못 잤다고 해서 내 아바타의 피부가 칙칙해지지 않는다.

키치는 나의 시선이 아닌 남의 시선이다. 키치에는 서정이 없고 서사는 각색되어 있다. 서정은 주체적으로 느끼는 고유한 감정이고, 서사는 진짜 줄거리다. 진짜 나의 사연이고 진짜 나의 감정이다. 키치가 문제가 되는 것은 그것을 실제 삶으로 오도하기 때문이다. 내 삶은 구질구질한데 SNS로 보는 친구의 모습은 화려해 보이기만 하다. 이것은 사회적으로 강요된 타자의 감정 - 즉 키치다. 현대 자본주의 사회는 그 존속을 위해 행복을 키치에서 찾으라고 광고하지만 우리가 사는 현실은 키치가 아니다. 장자는 호접몽을 꾸고 난 이후 나비가 자신인지 자신이 나비인지 알 수가 없다고 말했지만 가상과 현실을 구분하는 것이 좋다. 그리고 가상을 제대로 즐기려면 현실과의 접점 또한 놓지 않아야 한다.

되짚어 보면 인간의 역사에서 판타지는 중요한 역할을 해 왔다. 스마트폰이 없던 시절에도 깜깜한 영화관에서 잠시 동안 남의 인생을 살 수 있었고, TV가 없던 시절에도 소설과 무협지를 통해 현실과 가상의 세계를 넘나들 수 있었다. 상상력은 현실과 연결되었고, 기술로 만들어졌으며 다시 현실이 되었다. 고대 그리스 시대부터 상상력이 시대를 선도한다는 것은 증명되어 왔다. 고대 그리스인들은 문학과 예술을 통해 미래에 있을 법한 일을 자유롭게 상상했고, 그 상상력은 기술과 과학의 발전을 이끌어 냈다. 지금 이 순간에도 과거 공상과학영화나 과학소설에서 접하던 것들이 계속 현실화되고 있다. 메타버스와 가상현실은 무한한 상상의 공간이다. 따라서 그 안에서 만들어지게 될 기술의 가치는 예상하기 어려울 정도로 클 것이다. 가상현실 속의 부캐[보조 캐릭터]가 아닌 본캐[본래 캐릭터]로 현실을 사는 것이 더 중요하다는 것만 잊지 않는다면 가상현실과 메타버스는 기회의 땅이 될 수 있다.

개발자 업의 현장
그리고 메타버스

····················

개발자에게 일의 현장은 가상의 공간이다. 디지털로 이루어지는 프로그램과 컴퓨터 내부의 세계가 개발자의 유니버스다. 증강현실은 이미 놀이가 아닌 업무에 적용되어 있다. 항공기 제조업체인 보잉의 엔지니어들은 비행기를 조립할 때 특수 제작한 고글을 쓰고 일한다. 보잉의 연구원이었던 톰 코델이 비행기를 조립하던 과정에서 수많은 전선을 연결하는 작업을 위해 배선도를 이미지화하면서 증강현실 기술이 업무에 활용되었다. 고글을 쓰고 실제 비행기를 보면 해당 부분의 도면과 부품 코드 등이 표시되니 업무 효율이 높아졌다. 미국 최대 방위산업체인 록히드 마틴은 주요 프로젝트인 화성 탐사선의 디자인 및 제작 과정에 마이크로소프트의 홀로렌즈를 사용한다. 홀로렌즈를 통해 우주선을 제작할 때 참조해야 하는 정보들을 하나로 모으고 그 정보를 엔지니어들에게 전달해 준다.

증강현실 상상도

이제 소프트웨어 개발자가 코딩하고 있는 현장으로 가 보자. 자동차 앞유리의 헤드업 디스플레이에 주행 정보가 나타나듯이 소프트웨어 개발자가 사용하는 IDE의 에디터에서 특정 코드에 마우스를 옮기기만 해도 수많은 메타데이터가 표시된다. 과거에는 특정한 변수의 정보를 파악하기 위해서는 해당 변수가 사용되는 코드를 전부 검색해야만 했다. 이 때문에 변수 이름에 변수에 대한 정보를 포함하는 헝가리안 표기법과 같은 인코딩[name]

encoding이 등장했다. 전역변수의 경우 이름 앞에 g를 붙인다든지 하는 식이다. 이제 그런 표기법은 역사 속의 유물이 되었다. 이제 IDE는 코드에 대한 개별적인 정보뿐만이 아니라 코드가 동작하는 시뮬레이션과 새로 작성한 코드가 소프트웨어에 만들어 낼 수 있는 잠재적 위협까지 폭 넓고 정교한 메타정보를 개발자에게 제공해 준다. 이제 개발자들이 할 일은 IDE가 제공하는 유용한 정보를 선별한 후 최적의 선택을 하는 것이다. 코딩의 패러다임이 바뀐 것이다.

프로그래머에게 메타버스는 안드로이드 플랫폼이 될 수도, 리눅스 같은 운영체제의 핵심인 커널 영역이 될 수도, 자바 어플리케이션이 될 수도 있다. 특정한 프로그래밍 언어를 근간으로 하며 공통의 프레임워크* 기반으로 개발이 이루어진다. 사내에서 동료 개발자들과 함께 일한다면 코드 공유는 Git이나 SVN과 같은 소스코드 형상 관리 시스템에서 이루어지고, 작업 및 이슈 관리는 Jira나 Mantis와 같은 이슈 관리 시스템에서 이루어진다. 문서 공유나 스케줄 관리도 마찬가지다. 개발에 관련된 모든 것이 가상의 공간에서 이루어지고 있다. 이제 클라우드가 보편화되어 있어서 회사에 있지 않고 어느 곳에 있어도 소프트웨어 개발이 가능하다. 오픈소스와 같은 개발자 커뮤니티에서 활동하고 있다면 물리적인 접점은 더욱 줄어든다. 개발자들은 이미 메타버스의 구성원이다.

다만 지금 몸담고 있는 메타버스가 매트릭스의 통제된 시스템인지, 구성원들이 만들어 나가는 영화 <레디 플레이어 원>의 오아시스와 같은지는 생각해 볼 필요가 있다. 개발자의 통제력이 커질수록 메타버스에 대한 영향력도 커진다. 통제력의 비결은 몸담고 있는 그 스페이스에 대해 깊이 이해하고 그 구성원들과 긴밀한 유대 관계를 갖는 것이다. 이를 위해 우선시

---

* 특정 플랫폼이나 복수의 플랫폼에서 코드를 개발할 때 사용하는 라이브러리 세트. C#의 경우 NET 프레임워크가 대표적인 프레임워크이다.

되어야 하는 것은 메타버스의 기본적인 규칙을 따르는 것이다. 그것은 오 픈소스 커뮤니티가 정한 코딩 컨벤션일 수도 있고, 회사의 개발팀에서 정한 코드 커밋에 대한 규칙일 수도 있다. 먼저 구성원이 되어야 새로운 세계도 만들 수 있다.

디지털이 아닌 아날로그가 현실이라는 것을 이해하는 것 또한 중요하다. 프로그래밍 세계에서는 완벽하게 0과 1을 표현할 수 있지만 현실에는 완벽한 0과 1이 존재하지 않는다는 사실을 명심하는 것이다. 디지털 세계는 수많은 직선으로만 이루어져 있다. 자연에서는 직선을 찾아볼 수 없다. 0과 1이라는 두 가지 요소만으로 모든 것을 표현할 수 있는 세계는 프로그래밍과 그 결과로 만들어지는 메타버스와 같은 디지털 유니버스뿐이다. 현실과의 접점을 크게 가져가야 메타버스도 커지고 개발자의 세계도 커진다. 운영체제의 메모리 관리 기술을 개발한다고 해서 커널의 운영체제 안에만 갇혀 있어서는 안 된다. 기술은 현실을 반영해야 한다. 다른 소프트웨어와의 연계 동작, 나아가 사용자가 UI를 다루면서 얻는 사용자 경험UX에 어떠한 영향을 끼칠 것인지 고민해 본다면 가상과 현실과의 접점은 늘어날 것이다. 가상이 현실의 대안이 되어서는 안 된다. 가상과 현실을 이어주는 것은 기술만의 역할은 아닐 것이다.

생각하지 않는 사람들

우리 곁에서 분신처럼 함께 살고 있는 스마트폰과 태블릿, 랩톱은 이미 우리의 신체기관의 일부가 된지 오래다. 우리는 더 이상 타인의 전화번호를 기억하지 않는다. 스마트폰의 저장 용량이 커질수록 우리 뇌의 기억 용량도 늘어난다. 펜글씨 예쁘게 쓰기와 같은 활동은 먹을 갈고 난을 치는 것과 다를 바 없는 골동품 취미가 되었다.

200년 전에 살았던 독일의 철학자 프리드리히 니체는 타자기를 사고 난 후 다소 다른 글들을 써 내기 시작했다. 원래 니체의 문장은 다소 긴 편이었는데, 문장의 길이가 전보다 짧아진 것이었다. 좋게 보자면 간결해졌다. 이 변화를 눈치챈 니체의 친구들은 니체가 펜이 아닌 타자기로 글을 쓰기 시작했다는 사실을 알게 되었다. 본인의 달라진 문체에 대해 니체는 친구들에게 이렇게 설명했다.

> *"새로운 글쓰기 도구가 내 사고를 형성하는 데 큰 역할을 하는 것 같네."*

지금 우리 주머니 안에는 고성능 프로세서가 달린 타자기, 복사기, 카메라, 캔버스, 수첩, 텔레비전 기능을 갖춘 올인원All in one 만능기계가 들어 있다. 아, 이 기계는 부르면 대답하고 스스로 말도 한다. 기술은 도구이면서 도구 이상의 것이다. 현대인들이 진보된 기술로부터 받는 영향은 인류 역사의 그 어느 시기보다 커졌다. 소프트웨어는 엄청나게 복잡해졌지만 소프트웨어 개발자들은 수십 년 전에 비해 그리 똑똑해지지 않았다. 수십 년 전의 개발자들보다 단지 더 복잡한 컴퓨터 게임만 잘할 뿐이다. 멀티태스킹 능력은 높아졌지만, 집중력은 현저하게 떨어졌다. 단지 기술과 도구만 고도화되었을 뿐이다. 우리는 마치 거인이 된 것마냥 굴고 있지만 단지 우리는 거인의 어깨에 올라타 있는 난쟁이에 불과하다.

'더 빠르고 더 많이'라는 모토가 이 시대를 지배하고 있다. 중세시대 수도원에서 최초로 시계를 조립하고 인간이 시간 관리를 시작한 이후* 우리의 시간 감각은 시간hour이 아닌 분초를 다투고 있다. 횡단보도의 빨간불 앞에서 기다리는 십여 초 동안 아무것도 하지 않고 물끄러미 서 있는 것은 수치스러운 일이다. 사람들이 스마트폰을 꺼내 드는 속도는 황야의 목장에서 결투를 위해 권총을 꺼내는 카우보이보다 빠르다. 잠자는 시간을 제외하면 우리의 모든 시간과 감각을 인터넷과 스마트폰이 지배하고 있다. 니콜라스 카는 그의 책 <생각하지 않는 사람들>에서 기술과 미디어에 중독된 자신의 모습을 다음과 같이 묘사한 바 있다.

> "나의 뇌는 굶주려 있었다. 뇌는 인터넷이 제공하는 방식으로 정보가 제공되기를 바랐고 더 많은 정보가 주어질수록 허기를 더 느끼게 되었다. 나는 컴퓨터를 사용하지 않을 때조차도 이메일을 확인하고 링크를 클릭하고 구글에서 무엇인가를 검색하고 싶어했다. 나는 누군가와 연결되고 싶었다. 마이크로소프트 워드는 내게 살과 피와 같은 워드프로세서가 되었고 인터넷은 나를 초고속 데이터 처리기기 같은 물건으로 바꾸어 놓았다. … 나는 이전의 뇌를 잃어버린 것이다."

많은 실험 결과에 따르면 도구 의존도는 뇌의 능력을 감퇴시킨다. 2003년 네덜란드의 인지과학자들은 간단한 실험을 했다. 서로 다른 소프트웨어가 보조 도구로 사용될 때 피실험자들이 얼마나 문제를 빨리 해결하는지 확인하는 실험이었다. 두 가지 소프트웨어가 제공되었다. 하나는 매우 간단

---

* 최초의 시계를 조립한 곳은 수도원이라고 전해진다. 중세 기독교에서는 시간 낭비를 신에 대한 모욕으로 여겼기 때문에 정확한 시간에 맞춰 기도하고 엄격하게 생활하기 위해 시계가 필요했다

한 소프트웨어로 극히 단순한 기능만 제공했다. 다른 하나는 더 많은 기능을 제공하는 훨씬 고도화된 소프트웨어였다. 코딩을 시키는데 한쪽에는 vi*만 주고 다른 한쪽에는 마이크로소프트 비주얼 스튜디오를 준 셈이었다. 실험 결과 초반에는 많은 기능을 제공하는 소프트웨어를 사용한 그룹이 더 빨리 문제를 풀었다. 하지만 시간이 지날수록 결과가 달라지기 시작했다. 간단한 소프트웨어를 사용한 그룹의 성과가 더 올라간 것이다. 간단한 소프트웨어를 사용한 실험 그룹은 더 많은 시간이 지날수록 더 높은 집중력과 더 많은 경제적인 해결책 그리고 더 나은 전략을 보여주었다. 반면 기능이 훨씬 많은 소프트웨어를 사용한 실험 그룹의 성과는 처음 그 자리에 그대로 머물러 있었다. 더 이상의 발전이 없었던 것이다.

실험 주도자 반 님베겐은 현대인들이 문제 해결을 하기 위해 쏟아야 하는 지적인 활동을 컴퓨터에 맡기고 있다고 지적한다. 그는 이런 경향이 강해질수록 뇌의 능력은 점점 감퇴한다는 결론을 내렸다. 이를 모든 도구나 소프트웨어에 일반론으로 받아들이기는 어려울 수 있다. 하지만 니체의 타자기 사례에서 보았던 것처럼 도구에 대한 의존도가 커질수록 우리의 행동 양식과 사고는 많은 영향을 받는다. 우리는 도자기를 빚는 도공이 전통 불가마 대신에 전기 불가마를 쓴다고 해서 도자기의 예술성이 바뀔 것 같지 않다고 생각하지만 도구 의존도에 따라 도공의 예술적 행위 역시 바뀔 수 있다. 불가마 때느라고 고생하던 그 시간에 다른 창조적인 일을 할 수도 있겠지만, 남는 시간에 스마트폰을 보고 있을 확률이 높다.

스마트 기기의 데이터 처리 능력은 엄청난 향상을 이루었지만 우리 뇌의 데이터 처리 능력은 점점 나빠지고 있다. 덴마크의 인터넷 전문가 제이콥 닐슨은 인터넷 이용자들이 웹에 올라오는 글들을 어떤 방식으로 읽는지

* 유닉스/리눅스의 간단한 문서편집기

조사하고 실험했다. 그 답은 명확했다. "읽지 않는다." 웹상의 글은 기본적으로 하이퍼텍스트다. 순차적 방식이 아니라 그물망처럼 구성된 데이터와 텍스트로 이루어진다. 한곳에만 머무르며 차분히 글을 읽는 경험을 하기 어려운 구조다. 하이퍼텍스트를 읽는 것은 독자에게 많은 인지적 부하를 준다. 책의 10페이지를 읽다가 200페이지로 갔다가 다시 50페이지로 돌아오는 과정이 반복된다. 이리 갔다 저리 갔다 하는 동안 기존의 맥락을 붙들고 있는 것은 여간 만만한 일이 아니다. 기본적으로 하이퍼텍스트는 읽기를 위한 구조가 아닌 하나의 정보를 얻기 위한 탐색 트리에 불과하다. 프로그램 코드 역시 하이퍼텍스트의 집합이라고 볼 수 있다. 하이퍼 텍스트 구조의 장점은 지도^map 차원에서 접근할 수 있다는 것인데 결국 세부적이며 최종적인 이해는 순서도^flowchart와 같은 선형적 차원으로 귀결될 수밖에 없다.

하이퍼텍스트 세계에서는 읽는 대상을 이해하고 기억하는 능력이 점점 감퇴된다. 근래 전자책이 많이 보편화되었는데 전자책도 다르지 않다. 몇백 년 된 고전도 전자기기로 옮겨지고 웹사이트와 연결되면 하이퍼텍스트화되고 만다. 종이책의 차분함은 사라지고 인터넷의 산만함이 스며들 수밖에 없다. 웹에 올라오는 짧은 글도 보기 힘들어하는 이 시대에 고전을 읽는 것은 면벽수행과 다름없는 고행이 되었다. 뉴욕대학교 교수 클레이 셔키는 이에 대해 재미있는 주장을 한다. 고전이라는 것은 애당초 그럴 수밖에 없는 상황에서 생긴 산물에 불과하다는 것이다. 글이라는 것이 생겨난 이래로 이제껏 지속되어 온 우리의 오랜 문학적 습관은 접근성이 떨어지는 환경에서 생활하는 데에 따른 부작용에 불과하다는 것이다. 집중할 수밖에 없는 상황이니 고전이라는 게 생겼고 사람들이 고전을 읽었다는 이야기다. 그의 주장이 맞다면 머지않아 고전, 아니 책이라는 것은 그 존재 자체가 사라질지도 모른다.

그러한 시대에 살고 있다고 이 모든 것을 자연스럽게 받아들여야만 하는 걸까? 남들과 마찬가지로 생각이라는 것은 기계에게 맡기고, 우리는 프로그래밍된 존재로 살아가야 하는 것인가? 지금 우리에게 쏟아지고 있는 과도한 데이터들과 늘어가는 기술과 도구에 대한 의존성은 지금 눈앞에 있는 것 외에 다른 것들을 볼 수 없게 만든다. 그것들은 통찰의 가능성을 없앤다. 시끄러운 소음의 한복판에서는 아름다운 음악 소리를 들을 수 없다.

어떤 개발자가 살아남는가

2장

알고리즘 vs 데이터
그리고 창조력 코드

알고리즘 vs 데이터

> 고양이는 참치 통조림을 이해하지만, 우리와 같은 방식으로 이해하지 않는다.
> 사람들은 주변의 물건들에 대해 서로 다른 방식과 다른 수준의 이해력을 가지고 있다.
>
> 캐나다의 컴퓨터 과학자, 요슈아 벤지오

　　최근 20년 동안 AI를 연구하는 학자들이 깨달은 사실 중 하나는 데이터가 알고리즘보다 중요하다는 것이다. 이제 AI의 지능은 알고리즘 기반에서 데이터 기반으로 바뀌었다. 이를 뒷받침하는 핵심 기술이 머신 러닝이다. 수많은 공식이 중첩된 논리적 판단보다는 데이터베이스의 경험을 참조로 하는 개연적 판단*이 주가 될 것이다. 그렇다고 해서 소프트웨어의 미래가 알고리즘에서 데이터로 완전히 전환된 것은 아니다. 알고리즘과 데이터는 별개의 것들이 아니다. 알고리즘은 데이터를 필요로 하고, 데이터 역시 알고리즘을 필요로 한다. 알고리즘이란 수학적으로 완결된 논리 구조를 통칭하는 말이다. 간단하게 말하자면 어떠한 문제를 푸는 데 필요한 단계와 순서를 명시한 것이다. 그리고 알고리즘을 컴퓨터가 처리할 수 있게 표현하는 것이 소프트웨어다. 일부 인류학자들은 인류가 이뤄 낸 가장 큰 혁신이 언어이고, 그 다음으로 중요한 것이 문자의 발명이라고 말한다. 이와 유사하게 컴퓨터를 만들어 낼 수 있었던 근본 가치는 알고리즘에 있으며, 가장 큰 혁신은 소프트웨어의 발명에 있다.

* 통계와 데이터를 통해 대체로 그럴 것이라고 판단하는 방식

알고리즘의
역사

················

　　알고리즘은 프로그래밍과 컴퓨터에 최적화된 논리 구조다. 알고리즘의 기본은 판단과 처리이며, 이것은 if ~ then이라는 프로그래밍 문법 구조로 표현된다. 알고리즘의 어원은 9세기경 페르시아의 수학자였던 무하마드 알콰리즈미의 성을 라틴어로 표기한 알고리트미에서 유래했다. 사실 알고리즘의 발명은 2000년 전으로 거슬러 올라간다. 고대 그리스 유클리드의 <기하학 원론>이 최초의 알고리즘 문헌이다. 따라서 무하마드 알콰리즈미가 알고리즘을 최초로 발명한 사람은 아니다.

유클리드와 알콰리즈미

그럼에도 불구하고 9세기경 사람이었던 알콰리즈미의 이름이 알고리즘의 어원이 된 데에는 다른 이유가 있다. 고대 그리스인들은 수학 문제를 풀기 위해 기하학을 고안해 냈다. 즉, 그림으로 수학을 표현하고 계산해 낸 것이다. 그에 반해 알콰리즈미는 대수적 표현법, 다시 말해 임의의 숫자를 문자로 치환하는 방식을 사용했다. x+y와 같은 식으로 말이다. 소프트웨어 프로그램에서 연산을 하기 위해 변수를 할당하는 것과 같은 이치다. 그림으로 개념을 표현하는 대신 문자를 직접 사용하여 수 사이의 상호작용을 패턴으로 나타낼 수 있게 된 것은 기념비적인 발상이었다. 대수적 표현법이 알고리즘을 가능케 한 것이다.

이후 알고리즘과 컴퓨터는 불가분의 관계를 형성하며 발전해 왔다. 1642년 프랑스의 수학자 파스칼이 최초의 기계식 계산기를 발명하였고, 독일의 수학자였던 라이프니츠는 덧셈, 뺄셈만 가능했던 파스칼의 계산기를 개량하여 곱셈과 나눗셈이 가능한 계산기를 만들었다. 이때 라이프니츠는 이미 기계적 계산에 적합한 언어는 이진 코드라는 것을 알고 있었다. 다시 말해 0과 1이라는 디지털 세계의 도래를 라이프니츠는 예견했던 셈이다. 그로부터 150년 후 영국의 과학자였던 찰스 배비지가 차분기관을 발명하여 오늘날 컴퓨터의 원형을 제시하게 된다. 앨런 튜링과 폰 노이만은 컴퓨터 역사에서 또한 결코 빼놓을 수 없는 인물들이다. 폰 노이만은 최초로 컴퓨터라는 것을 개념화시킨 과학자로 평가받으며, 그의 제자 앨런 튜링은 오늘날의 컴퓨터공학과 정보공학의 시조로 인정받는다.

과거 AI의 발전 역시 알고리즘에만 의존한 측면이 컸다. AI 분야는 크게 두 부류로 나뉘었는데, 하나는 심볼릭 AI라고 불리는 기호주의학파로 인간의 지식을 모두 기호로 만들어서 기호들의 관계를 표현하면 컴퓨터가 지능을 가질 수 있다는 사상을 기반으로 한다. AI라는 단어의 창시자로 알려진 마빈 민스키 박사가 대표적인 기호주의 사상가다. 이것은 알고리즘을 기반으로 하는 전통적인 연구 방식으로 볼 수 있다. 다른 하나의 부류는 신경망Neural Network을 연구하는 연결주의 학파다. 이들은 인간의 뇌가 신경망으로 이루어져 있으므로 컴퓨터에 이와 비슷한 구조를 만들어내면 지능을 창조할 수 있다고 믿는다. 인터넷이 등장하고 무어의 법칙으로 일컬어지는 2년마다 두 배씩 증가하는 컴퓨팅 성능 덕분에 빅데이터가 주목을 받게 되면서 학자들은 알고리즘만큼이나 데이터 역시 중요하다는 사실을 깨달았다. 구글이나 페이스북과 같은 거대 IT 기업들이 빅데이터의 발전을 가속화시키게 된다. 구글의 창업자인 래리 페이지는 구글이 검색 기업이 아니라는 말을 공공연히 하고 다녔는데, 그가 말한 대로라면 구글은 검색 기업이 아니라 AI 기업이다. 구글의 사명은 설립 때부터 검색을 더 좋게 하기 위해 AI를 사용하는 것이 아니라 AI를 개발하기 위해 검색을 사용하고 있다는 것이다. 그런 면에서 막대한 데이터와 검색 능력을 보유한 구글이 AI 최신 기술의 선두에 서 있는 것은 그리 놀랄 만한 사실은 아니다.

합리주의 vs 경험주의

데이터가 점점 주목받게 된 것과 달리, 알고리즘을 사용한 기존 방식들은 하나둘 한계를 노출하게 된다. 컴퓨터 비전Computer Vision의 이미지 프로세싱 역시 과거에는 알고리즘에만 의존하고 있었다. 인간은 사람의 얼굴을 구분할 때 전체 얼굴을 보고 한 번에 누구인지 판단해 낼 수 있으나 컴퓨터는 그와 같은 처리가 불가능하다. 컴퓨터가 이미지를 읽는다는 것은 결국은 픽셀*을 하나하나씩 읽는 것에 지나지 않는다. 사람 역시 마찬가지로 조그만 구멍을 통해 한 번에 1제곱센티미터의 얼굴 면적만 보게 한다면 다른 사람의 얼굴을 분간해내기는 어렵다. 수많은 if then을 중첩하는 것은 한계가 있을 수밖에 없었다. 기존 알고리즘이었던 귀납적 논리 구조로는 이미지 프로세싱 분야에서 더 이상의 발전이 어려워진 것이었다.

고전적인 알고리즘과 소프트웨어 프로그래밍의 체계는 플라톤과 데카르트가 구축한 합리주의 모델에 기반한다. 프랑스의 철학자 르네 데카르트

---

* Pixel 화소. 화면을 이루는 가장 작은 단위의 점

는 합리주의 철학, 다시 말해 이성을 중시하는 근대 철학의 아버지라 일컬어진다. 합리적이고 이성적인 철학의 바탕은 시간이나 비용을 최소화하는 효율과 논리에 있다. 데카르트가 제창한 방법 서설Discours de la method은 다음과 같은 네 단계로 이루어진다.

첫째, 분명하게 참이라고 확인할 수 없다면, 그 무엇도 받아들이지 말라.

둘째, 어려운 문제는 잘 이해하고 해결할 수 있을 정도로 짧게 끊어 접근하라.

셋째, 단순하고 알기 쉬운 것부터 복잡하고 어려운 것 순서로 차근차근 탐구하라.

넷째, 이상의 세 단계에서 검토한 부분들은 빠짐없이 모은 다음 확인하고 전체적인 관점에서도 문제가 없는지 재검토하라.

일의 효율을 중요시하는 공학자나 개발자들이 일하는 방식과 유사하다. 이 철두철미한 접근법을 거치면 어떤 문제도 해결할 수 있을 것처럼 보인다. 과연 그럴까? 이 접근법의 가장 큰 문제는 문제를 해결할 수 있는 지식을 미리 가지고 있지 않으면 무용지물이라는 것이다. 문제의 해결 방법을 모르면 당연히 문제를 해결할 수 없다. 인간이 모든 지식을 머릿속에 가지고 있을 수 없듯이, AI나 컴퓨터에게 사전에 필요한 모든 지식을 욱여넣는 것은 한계가 있을 수밖에 없었다. 돌파구를 마련한 것이 훈련용 데이터를 가지고 AI가 의사결정 지도를 만드는 상향식 접근법, 즉 딥러닝 기술이었다. 스스로 필요한 것을 배워서 문제 해결에 사용할 수 있게 된 것이다.

이제 AI의 패러다임은 플라톤과 데카르트의 합리주의 모델에서 아리스토텔레스와 존 로크의 경험주의 모델로 전환되었다. 추상적인 아이디어와 명제를 중요시한 관념론에서 현실 세계에 발을 디디게 되는 실천 철학으로의 전환인 것이다. 17세기 영국의 철학자였던 존 로크는 인간이 백지 상태로 태어난다고 주장했다. 존 로크는 모든 지식은 경험을 통해 얻어진다고 주장했고 플라톤의 이데아론을 부정하였다. 빛의 파장은 색을 만들어 내지만 그것은 보는 주체가 없으면 아무런 의미가 없다. 소리는 공기압의 진폭 변화를 통해 만들어지지만, 우리에게 중요한 것은 그 소리가 어떻게 들리는지 하는 것이지 공기가 얼마의 주기로 진동하느냐가 아니다.

르네 데카르트와 존 로크

현재 AI의 방법론이 로크의 경험주의적 접근법을 취하고 있는 것은 자명해 보인다. 하지만 먼저 언급했듯이 알고리즘이 없는 데이터는 무용지물이다. 마찬가지로 데이터가 없는 알고리즘 역시 그러하다. AI의 발전이나 소프트웨어의 미래에 있어 이상론과 경험론의 절충이 필요하다. 다만 막힌 벽을 뚫고 나가기 위한 창조적 전환 과정에 데이터는 중요한 요소가 되었다. 이는 창의력의 원천을 똑똑함이나 선천적인 지능으로 착각했던 과거의 인식을 뒤집은 것만큼이나 주요한 발견이다. 지능은 기존 방식이 존재할 때 의미 있는 능력이지만 창의력은 기존 방식이 존재하지 않을 때 문제를 해결하는 능력이다. 현재로서는 창의력은 AI가 범접할 수 없는 인간의 고유영역이지만, 데이터 처리와 알고리즘의 발달이 미래에 어떤 결과를 만들어 낼지는 모르는 일이다.

창조력 코드

재능이 있는 사람은 아무도 맞히지 못한 과녁을 맞힌다.
그러나 천재는 아무도 보지 못한 과녁을 맞히는 사람이다.

독일의 철학자, 쇼펜하우어

창조의 세 가지 경로:
탐색, 융합, 변혁

인지과학자 마거릿 보든은 창조력을 세 가지로 구분한다.

⋯⋯⋯⋯ 1) 탐색

첫째는 탐구적 창조력이다. 탐색을 통해 기존에 찾지 못했던 무언가를 발견해 내는 것이다. 패턴이나 규칙을 무한대로 반복하면서 계산에 계산을 거듭해서 최적의 해를 찾아내는 것은 컴퓨터나 AI가 잘할 수 있는 분야다. 이를 창조라고 해야 할지 다소 난감하기도 하다. 인간 역시 머리를 쥐어짜고 쥐어짜내서 아이디어를 얻기도 한다. 숨어 있던 1인치를 찾아내는 것이다. 사고의 경계가 확장됨으로써 이전에는 볼 수 없었던 것, 생각하지 못했던 것을 발견할 수 있다. 기존 규칙을 따르면서 수많은 탐색을 통해 범위를 확장하여 가장자리에 숨어 있는 아이디어를 찾아내는 것이다.

AI가 최적의 해를 찾아내기 위해 극한의 연산을 수행하는 것 역시 마찬가지다. 대표적인 사례가 구글의 알파고다.

알파고는 2016년 당시 최고의 바둑기사였던 이세돌에 종합 전적 4:1로 승리하면서 AI 시대의 서막을 알렸다. AI가 바둑과 같이 복잡한 게임에서 수를 찾아내는 방식은 국소최대점을 찾는 것이다*. 국소최대점은 정해진 영역에서 찾고자 하는 조건의 최대값을 말한다. 알파고가 이세돌과의 두 번째 대국에서 둔 37번째 수는 아무도 예측하지 못한 창조적이고 기발한 수였다. 대국 당시에는 해설자와 전문가들조차 알파고가 실수를 했다고 말했다. 하지만 대국의 말미로 가면서 그 수의 진가가 드러났다. 알파고의 2국 제37수는 승부를 결정지은 신의 한 수였다. 알파고는 우연을 기대하며 포석을 한 것이 아니었다. 극한의 연산을 통해 최적의 포석을 선택한 것뿐이었다.

문제는 국소최대점이 전체최대점이 아닐 수도 있다는 것이다. 알파고가 둔 2국 제37수가 국소최대점이자 전체최대점이었지만, 그것은 우연일 뿐이었다. 힘들게 산 정상에 올라갔지만 내가 올라간 산봉우리가 그 산에서 제일 높은 봉우리는 아닐 수 있다. AI가 비약적으로 발전한 배경에는 사실 컴퓨터 하드웨어의 발전으로 탐색할 수 있는 영역의 크기가 증가한 것에 힘입은 바가 크다. 하지만 전체최대점을 찾기 위해 무한정 연산의 양을 늘리는 것에는 한계가 있다.

* 마커스 드 사토이, <창조력 코드>, 북라이프, 2020년

두 번째는 '접목'과 관련이 있는 창조력이다. 다른 산봉우리를 찾아보는 것이다. 직접 가 보지 않고도 지금 올라온 산봉우리와 저 멀리 솟아 있는 다른 산봉우리를 이어 보는 것이다. 한 세계와 다른 한 세계가 만나서 새로운 세계가 탄생한다. 쉽게 말해 융합에 의한 창조다. 최소한 현재 시점에서 AI가 거의 힘을 쓰지 못하는 분야다. 오늘날 보편적으로 언급되면서 교육계가 지향하고 있는 창조력 코드가 바로 융합이다. 융합적 창조력은 통섭의 힘으로부터 나온다. 통섭은 이렇게 저렇게 짜 맞춰 보고, 여러 조합 중에서 새로운 것을 고르는 일이다. 짜 맞춘다는 것은 탐색 + 융합이고 고르는 것은 통찰의 영역이다. 이것을 아울러 통섭이라고 할 수 있다.

보든이 말하는 세 번째 창조력은 '변혁적' 창조력이다. 마치 섭씨 99도의 액체가 100도를 넘어가면서 기체로 변하는 것처럼 전혀 다른 패러다임이 만들어지는 것이다. 게임의 규칙이 바뀌고, 이전의 시대를 지배하고 있던 진리가 새로운 진리에 의해 대체된다. 뉴턴, 베이컨, 데카르트의 고전 물리학과 기계론적 세계관이 양자역학과 상대성 이론의 현대 물리학으로 대체된 것이 변혁적 창조의 한 역사다. 보든은 변혁적 창조력을 한 종류의 창조력으로 보고 있지만, 엄밀히 말해 이는 창조력의 한 종류라기보다는 후대에 의해 공인받은 창조적 결과라고 할 수 있다. 결과로 드러난 변혁적 창조를 이루기 위해 수많은 탐구적 창조와 획기적인 융합적 창조가 선행되어야 한다. 무의 상태에서 변혁적인 창조를 만들어 내는 천재는 노력한다고 되는 게 아니니 여기서 언급할 필요가 없는 범주의 영역이다.

마커스 드 사토이의 <창조력 코드>에서는 알파고와의 4번째 대결에서 이세돌이 둔 78번째 착수를 변혁적 창조력의 예로 들고 있다. 당시 알파고는 전체 5국의 대전에서 이미 3승을 거둔 상태로 인간의 패배는 확정된 상태였지만, 두 번의 대전이 더 남아 있었다. 대국을 시청하는 수억 명의 사람들은 인간의 마지막 반격을 고대하고 있었다. 이세돌과 동료들은 밤을 새우며 패배의 원인을 분석했다. 지난 대전을 통해 드러난 것은 알파고는 이기는 확률을 조금씩 높이는 수를 둔다는 것이었고 또한 한번 승기를 잡으면 현상 유지를 위한 전략으로 일관한다는 것이었다. 알파고를 이기기 위해서는 모험적이며 또한 창조적인 수가 필요했다. 제4국에서도 알파고는 승기를 잡았다. 인간의 네 번째 패배의 그림자가 짙게 드리워지고 있었다. 이세돌은 30분 동안 바둑판을 내려보다가 특이한 위치에 자신의 흰 돌을 놓았다. 해설진들은 놀라움을 금치 못했다. 어떤 누구도 생각해 낼 수 없는 한 수였다. 바둑의 정석에서 완전히 벗어난 한 수는 알파고를 완전히 흔들어 놨다. 중국에서 방송 중계를 하던 구리 9단은 이세돌의 제78수가 신의 한 수라고 단언했다. 알파고가 패배한 이유는 간단했다. 이세돌이 둔 제78수는 알파고의 데이터베이스 안에는 없는 것이었기 때문이었다. 제78수는 나올 확률이 1만분의 1밖에 안 되는 수였다. 다시 말해, 알파고의 입장에서는 대응할 가치가 없는 한 수였던 셈이다.

불과 1년이 지난 2017년 10월 구글은 알파고의 후속 버전으로 보다 범용적인 AI인 알파제로를 발표한다. 알파제로는 알파고와의 시뮬레이션 대전에서 100대 0이라는 압승을 거둔다. 이세돌이 거둔 한 번의 승리가 AI와 인류의 바둑 대결에서 승리한 마지막 역사로 기록될 가능성이 농후하다. 이세돌의 4국 제78수 역시 역사에 오래도록 남을 것이다.

2021년 5월 11일 대체 불가 토큰^{NFT: Non Fungible Token} 거래 플랫폼인 오픈씨^{OpenSea}에서 이세돌과 알파고의 4국 제78수를 담은 NFT가 당시 시세로 2

억 5천여만 원의 경매가로 낙찰되었다. NFT는 특정 디지털 파일에 대한 소유권 위변조가 불가능하고 탈중앙화한 블록체인 형태로 발행해 보관하는 형식으로, 일종의 '디지털 진품 증명서'로 최근 온라인 상에서 거래가 활발해지고 있다. 이 NFT에는 4국의 흑돌과 백돌이 차례로 놓이는 모습과 이세돌의 78번째 백돌이 놓이는 광경을 촬영한 파일에 이세돌의 사진과 서명이 담겨 있다*.

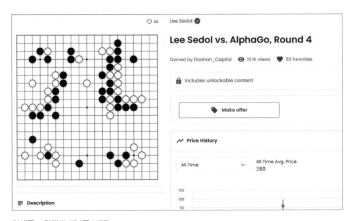

이세돌 - 알파고 제4국 NFT

우리가 가야 할
창조의 길

················

　극한 연산을 통한 탐색에 의한 창조는 AI에게 맡기자. 변혁적 창조는 하늘이 주는 일이다. 우리가 지향해야 할 것은 융합에 의한 창조다. 통섭의 촉수를 예민하게 만들고, 많은 크로스오버가 한땀 한땀 결실을 맺다 보면 변혁적 창조도 일어날 수 있다. 통섭의 촉수를 예민하게 만드는

* 관련 기사 https://news.v.daum.net/v/20210518161023600?x_trkm=t

유일한 방법은 지식과 경험의 축적 그리고 끊임없는 사색이다. AI의 딥러 닝 역시 단순하게 공식 몇 개로 판단하는 것이 아니라 데이터베이스에 쌓 인 수많은 경험과 지식을 참조해서 최적의 결정을 내린다. AI가 빅데이터 를 분석해서 인간이 밝혀내지 못한 사물의 관계성을 밝혀내면 생각할 수 있는 순수한 재료가 많아진다. 이것들은 어디까지나 재료일 뿐 여기서 새 로운 것이 생겨나지 않는다. 모두 과거의 것이기 때문이다. 여기에 인간의 지혜가 더해지면 창조성이 생긴다. 인간과 AI의 차이점이 있다면 AI가 내 리는 결정에는 사색이라는 과정이 없다는 것이다. 프레임 안에서 최적의 해를 구할 뿐이다. 인간의 사색 과정 역시 데이터가 축적되지 않으면 무의 미한 행위에 지나지 않게 된다. 연료가 없는 차의 엑셀을 아무리 밟아도 차는 앞으로 나가지 못한다. 어느 정도 수준까지는 지식의 양이 질을 결정 한다. 그 양이 임계치를 넘어서면 창조성으로 연결된다. 우라늄을 농축해 서 임계질량을 넘어서야 핵분열이 생기듯이, 양이 임계치를 넘는 순간 질 적인 진보가 이루어진다.

초년 개발자 시절에는 본인이 쌓아야 할 지식과 경험의 임계치를 그리 높 게 보지 않는다. 아는 만큼 보이는 것이다. 모르면 볼 수도 없다. 또한 깊 이 들어가기 전까지는 얼마나 깊은지 알 수 없다. 운이 좋을 때는 창의적 인 아이디어가 나오기도 하지만, 대부분 좌충우돌 끝에 나온 우연의 결과 일 뿐 지속적이지 않은 경우가 태반이다. 원래 창의적이지 않은 사람이 갑 자기 창의적인 아이디어를 만들어 낼 수는 없다. 개발자들 역시 마찬가지 다. 초년 개발자 시절 낮게 생각하던 지식과 경험의 임계치는 개발 실력이 높아질수록 점점 늘어나게 된다. 성장하는 만큼 임계치 역시 높아지는 것 이다. 어느 순간 자신이 우물 안의 개구리였음을 자각하는 순간이 온다. 우 물 밖의 세상을 보는 것, 즉 설정된 임계치를 돌파할 수 있는 비결은 양을 늘리는 방법 외에 없다. 하지만 단순히 기술에 대한 공부량만 늘리면 된다 고 생각해서는 안 된다. 아는 것이 많은 것과 알고 있는 것들이 창조의 시너지를 만드는 것은 다른 이야기다.

기술과 인문의 크로스오버는 창조라는 물고기를 걷어 올릴 그물의 마디마디를 더욱 촘촘히 만들어 줄 것이다. 기술 외적인 부분에 대해서, 특히 사람에 대한 이해를 넓혀가면서 원뿔의 바탕을 이루는 원의 지름을 크게 만들어야 한다. 그러면서 아래로는 가장 하고 싶은 전문 기술 분야에 깊이 뿌리를 내려야 한다.

··············· **집중과 관심**

　　보통 사람이 창의성을 발휘하기 위해서는 양적인 팽창으로 질적 조건을 충족시키는 방법 외에 왕도가 없다. 특히 그 창의성이 전문 분야에 대한 것이라면 양적인 팽창은 필수적이다. 아무 생각도 하고 있지 않을 때 좋은 아이디어가 나온다고들 한다. 이것은 깊은 고민과 사색이 선행되고 난 이후의 이야기다. 오랜 시간 집중하면서 머리를 쥐어짜고, 생각에 생각을 거듭한다. 그러다가 잠시 그 문제에서 떨어져 있을 때, 불현듯 문제에 대한 아이디어가 떠오르는 것이다.

뇌는 단순한 수신 장치에 불과하다는 주장이 있다*. 마음이 뇌를 제어하고 뇌는 라디오처럼 수신 장치로 동작한다는 것이다. 이 이론에 따르면 생각이라는 것은 전파의 일종이다. 뇌가 생각이라는 전파를 수신하는 것이다. 다시 말해 생각이라는 전파를 제대로 수신하기 위해서는 항상 뇌를 정해진 주파수에 튜닝해 놓고 있어야 한다. 체화 인지라고 알려진 연구 분야에서는 인간은 뇌뿐만 아니라 몸으로도 생각한다고 주장한다. 인간의 몸이

---

* 데이비드 호킨스, <의식 혁명>, 판미동, 2011년

행동에 영향을 미치는 두뇌에 다양한 추상적 개념을 제안할 수 있다는 것이다. 몸과 마음이 완전히 별개는 아니니 수긍이 가는 이론이다.

체화 인지에서 사례로 제시하는 것은 어떤 요청을 받았을 때 몸이 취하는 행동을 보는 것이다. 우리는 누군가에게서 논의할 문제에 집중해 달라는 요청을 받으면 마치 우리 자신의 미래를 실제로 맞닥뜨린 것처럼 의자에서 몸을 앞으로 바짝 당겨 앉지만, 이미 일어난 문제를 떠올려 보라는 요청을 받으면 의자에 앉은 몸을 뒤로 젖히게 된다. 공부를 하려는 마음이 있으면 항상 손에 책을 들고 다니는 것이 좋다. 마찬가지로 항상 관심을 기울여야 창의적인 아이디어 또한 나올 가능성이 높아진다. 아이디어가 나온다는 것은 주어진 문제를 해결하는 데 도움이 되는 장기 기억들의 적절한 조합을 찾는 것이다. 내 머릿속에 들어 있지 않은 지식에서 아이디어가 나오는 일은 없다. 의식적으로 몰입하게 되면 무의식으로부터 아이디어가 출몰하기도 한다.

> 독일의 화학자 아우구스트 케쿨러는 벤젠의 화학적 구조를 처음으로 발견한 사람이다. 당시 과학자들은 벤젠이 탄소 6개와 수소 6개로 이루어진 화합물이라는 사실을 알고 있었지만 어떤 구조로 탄소와 수소가 연결되는지 알 수 없었다. 고민에 고민을 거듭하던 케쿨러는 잠을 자다가 꿈속에서 머리로 꼬리를 문 채로 동그랗게 몸을 말고 있는 뱀을 보게 된다. 꿈에서 바로 깨어난 케쿨러는 뱀의 모양에서 서로가 서로를 잡고 있는 탄소의 구조를 생각해 내고 벤젠의 화학적 구조를 완성시키게 된다.

불현듯 좋은 아이디어가 떠오르는 순간을 '아하 모먼트^Aha-moment'라고 부른다. 아르키메데스가 목욕을 하던 중 부력을 발견하고 '유레카'라고 외치며 알몸으로 목욕탕을 뛰쳐나갔다는 이야기가 '아하 모먼트'의 대표적 사례다.

러시아 출신으로 미국의 바이러스 학자였던 조너스 소크는 폴리오라는 소아마비 백신을 발명함으로써 인류에 기여한 인물이다. 그는 백신 개발을 위해 노력했으나 오랜 기간 성과를 내지 못했다. 지친 소크는 머리를 식히기 위해 잠시 이탈리아로 여행을 떠나게 된다. 그는 성 프란체스코의 탄생지로 유명한 아시시의 수도원 성당을 방문한다. 성당 의자에 앉아서 아름답고 거룩한 공간미에 멍때리고 있던 소크의 머릿속에 갑자기 백신에 대한 아이디어가 물밀듯이 터져 나왔다. 소크는 미친 듯이 아이디어를 메모했고, 이 아이디어는 폴리오 백신을 만드는 데 가장 큰 역할을 한다.

아시시 성당에서 아이디어가 터지는 경험을 하게 된 소크는 훗날 그의 의학 연구소를 설립할 때 건축가에게 천장을 매우 높게 만들어 줄 것을 요청했다. 소크는 높은 성당의 층고가 아이디어를 만드는 데 도움을 줬다고 믿었는데, 실제 높은 층고가 창의성을 증진시켜 준다는 연구 결과는 적지 않다. 소크가 설립한 의학 연구소에서 무려 12명의 노벨상 수상자가 나왔다고 하니 연구소 층고는 높은 게 좋을 성싶다. 근래 지어지는 도서관들은 다 층고가 높은 편이다. 개인적으로도 높은 층고의 사무실에서 일할 때 더 머리가 잘 돌아가는 것 같다. 의식적으로 몰입을 하고 자신을 밀어붙여야 무의식이 창의적 아이디어로 응답해줄 수 있다. 높은 층고라든지 쾌적한 사무실, 잠깐의 낮잠이 부차적인 도구는 될 수 있겠다.

성 프란체스코 성당

　창의적인 아이디어를 위해서는 생각의 전환이 필요하다. 사물을 다른 관점에서 보고, 이미 익숙한 것들도 새롭게 보려는 노력이 필요하다. 이에 대해 앤디 워홀은 다음과 같은 멋진 말을 남겼다.

> *"작품을 감상할 때 우리는 360도를 돌아가며 본다. 인생을 살며 한 가지 문제가 있다면, 삶도 그렇게 보아야 한다는 사실을 잊어버리는 것이다."*

여러 관점에서 보려는 시도가 곧 창의성이다. 과학사에 있어 생각의 전환이 가장 극적으로 이루어진 것 중 하나는 아인슈타인의 일반 상대성 이론이다. 뉴턴의 만유인력의 법칙에 따르면 나무에서 사과가 떨어지는 것은 지구의 중력이 사과를 잡아당기기 때문이다. 하지만 아인슈타인의 상대성 이론에 따르면 사과는 지구의 질량에 의해 휘어진 시공간을 따라 가장 자연스러운 길로 움직이는 것에 지나지 않는다. 시공간의 곡률이라는 새로운 변수가 고전 물리학을 뒤집어 놓았다. 과학적으로 새로운 패러다임이 등장한 것이다. 인문학적으로 보면 사과는 왜 떨어지는 것일까? 사과가 떨어지는 것은 단지 가을이 되었기 때문이다. 이렇듯 다양한 설명이 가능하다. 생각을 전환하는 것으로부터 새로움의 씨앗은 잉태된다.

완벽한 예시라고는 할 수 없지만, 생각의 전환이 가장 극적으로 이루어지는 분야는 종교에 있다. 선불교의 궁극적인 목표는 해탈, 즉 깨달음에 있다. 이를 단순히 생각의 전환이라고 말할 수는 없지만, 원래 가지고 있던 틀을 깬다는 측면에서 볼 때는 유사하다고 할 수 있다. 선문답의 예를 하나 보자. 어느 날 스승이 지팡이를 하나 들고 오더니 제자에게 다음과 같은 테스트를 한다.

1. 당신이 이 지팡이가 존재한다고 말하면 나는 이것으로 당신을 칠 것이다.

2. 이 지팡이가 존재하지 않는다고 말해도 칠 것이다.

3. 아무 말도 하지 않아도 칠 것이다.

제자가 내릴 수 있는 최선의 답은 스승의 지팡이를 뺏는 것이다. 스승이 만들어 놓은 틀을 깨는 것이다. 틀을 깨는 것은 본인이 안주하고 있는 프레임을 벗어나는 것이다.

서양 역사상 가장 광대한 영토를 정복했던 알렉산더 대왕은 기원전 334년 수많은 군사를 이끌고 프리기아 왕국의 수도 고르디움에 도착한다. 그곳에는 전대 왕인 고르디우스가 신전의 기둥에 복잡한 방법으로 매어 놓은 매듭을 푸는 자는 아시아를 지배한다는 전설이 내려오고 있었다. 많은 이들이 알고 있다시피 알렉산더는 칼을 빼서 매듭을 잘라버리고 본인이 아시아를 지배하게 될 것이라고 선언한다. 매듭을 풀려고 애쓰다가 결국 못 풀어서 열 받은 나머지 칼을 빼서 매듭을 잘라낸 것인지도 모르고, 알렉산더 대왕을 미화하기 위해 만들어진 이야기일수도 있지만 어쨌든 이 이야기는 프레임을 벗어나는 창의적 사례의 단골로 곧잘 인용된다.

중국 철학서 <장자>에 나오는 이야기도 하나 살펴보자. 혜자라는 사람이 위나라 왕에게서 큰 박이 열리는 박씨를 얻어 와 심었다. 시간이 지나 아주 큰 박이 열렸는데, 그 크기가 쌀가마니를 다섯 섬이나 담을 정도로 컸다. 원래 박의 용도는 반으로 잘라서 표주박으로 쓰거나 구멍을 뚫어 호리병으로 쓰는 것이었다. 혜자는 큰 박이 아무 쓸데가 없다고 해서 그냥 깨 버렸다. 그 이야기를 들은 장자는 말했다.

"박이 그렇게 크다면 그 박을 쪼개서 배로 만들어서 바다에 띄워 놓고 놀면 될 것 아닌가?"

비기능성을 다른 기능성으로 바꾸는 것은 사물을 다르게 보고 생각을 전환해야 가능하다. 우리가 쓰고 있는 수많은 기능성 제품들은 발명되기 이전에는 존재하지 않았던 비기능들이었다는 사실을 잊지 말자. 포스트잇은 잘 붙지 않아서 폐기가 마땅한 접착제 덕분에 생겨났지만 책상 위 필수 아이템이 되었다.

회사나 개발자의 입장에서 생각을 전환하는 것의 기본은 고객의 입장에서 생각하는 것이다. 물건을 파는 상인은 물건을 사는 손님의 입장이 되어보는 것이고, 소프트웨어를 만드는 개발자는 소프트웨어의 일반 사용자의 입장이 되어 보는 것이다. '개밥 먹기^{dogfooding}'는 자신이 만든 소프트웨어를 직접 사용해 보는 것을 의미한다. 만들고 먹어 보지도 않은 제품이 맛이 있는지 없는지 개밥인지 아닌지 알 수는 없다.

중국의 가전업체 하이얼은 자신들이 판매한 세탁기의 고장 사례를 분석하던 중 유독 농가에서 고장 신고가 자주 접수된다는 것을 알게 되었다. 그 원인을 분석해 보니 채소 찌꺼기가 세탁기 내부에 끼여서 세탁기가 고장 난 것이었다. 많은 중국의 농가들이 재배한 채소를 세탁기로 씻기 때문에 발생한 일이었다. 이에 대해 정상적인 대응은 세탁기는 옷을 빠는 제품이므로 채소를 빨아서 안 된다고 고객들에게 통보하는 것인데, 하이얼은 대응은 달랐다. 하이얼은 채소 씻는 세탁기를 개발해서 중국 농가에 판매하였다.

현지화 전략의 기본은 현지를 이해하는 것이다. 생각의 전환의 기본은 내가 아닌 다른 입장에서 사물을 보는 것이다.

·············· 통섭의 길: 상상력은 만물을 연결하는 힘

통섭은 단순한 멀티가 아니다. 통섭은 이질적인 것들로부터 공통적이며 새로운 가치를 발견하는 것이다. 통섭이라는 말은 서울대 최재천 교수가 그의 스승이었던 미국의 생물학자 에드워드 윌슨이 사용했던 CONSILIENCE라는 단어를 번역하면서 국내에 회자되기 시작한 단어다. 통섭이라는 한자어는 큰 줄기를 잡는다는 뜻의 통섭通涉과 전체를 도맡아 다스린다는 의미의 통섭統攝으로 쓰일 수 있다. 통섭의 핵심은 이질적인 두 분야의 소통이다. 통섭은 단순히 비빔밥을 만드는 것이 아니다. 융합으로부터 새로운 가치가 탄생하기 위해서는 단순히 섞이는 것 이상의 단계, 즉 발효나 화학 반응과도 같은 본질의 변형이 수반되어야 한다. 두 가지 이상의 화학 원소를 적절한 비율로 혼합해 주면 결합 이전에 발생하지 않았던 에너지가 생긴다. 수소와 산소가 결합해서 물이 생기고 누룩이 술로 바뀌는 변역의 과정이 필요하다. 쌀에서 막걸리의 가치를 발견해 내는 것이 바로 통섭이다.

통섭을 위해서는 직관과 함께 상상력이 필요하다. 고 구본형 작가는 미래를 기억한다는 표현을 쓰곤 했다. 미래라는 것을 과거와 마찬가지로 이미 도달한 어떤 시점으로 생각하는 것이다. 그는 과거를 기억하는 데 사용되는 능력이 기억력이듯, 미래를 기억해 내는 데 사용되는 능력은 상상력이라고 말했다. 아인슈타인은 이렇게 말했다.

> *"논리는 우리를 A에서 B까지 데리고 가 주지만 상상력은 어디라도 데려다 준다. 상상력이 지식보다 중요한 이유는 지식은 우리가 알고 있는 것에 국한되지만 상상력은 전 우주를 포용하기 때문이다."*

상상력은 있는 그대로 보지 않는다. 작은 것을 작다고 보지 않고 큰 것은 큰 것으로만 보지 않는 것이다. 추상은 큰 것을 작게 만드는 것으로 분석 능력이 탁월한 AI나 개발자들에게는 그리 어려운 분야는 아니다. 수학은 과학적 추상화의 극단적인 형태다. 피타고라스가 '만물은 수'라고 말한 것처럼 수는 자연을 표현하고 실제 세계를 정확하게 규정하기 위해 사용된다. 하지만 숫자가 정확해지고 추상화 수준이 높아질수록 현실과의 괴리는 커지고 상상력은 빈곤해진다. 상상력은 거꾸로 작은 것에서 큰 것을 읽어 내야 한다. 내가 보고 있는 것은 작지만 다른 사람에게 내가 본 것을 설명하려면 크게 그려야 한다. 크게 그리려면 내가 눈으로 보지 못한 것들도 그려낼 수 있어야 한다. 상상력이 없으면 불가능한 일이다. 러시아의 소설가 블라디미르 나보코프는 말했다.

> "과학자는 우주의 한 점에서 일어나는 모든 것을 보고, 시인은 시간의 한 점에서 일어나는 모든 것을 느낀다."

통섭은 통찰로 연결된다. 사물의 본질과 핵심을 한눈에 총체적으로 파악하는 능력이 통찰력이다. 통찰洞察은 동굴洞窟과 같은 한자를 쓴다. 동굴, 즉 내부를 보는 힘insight이다. 또한 동굴 밖을 상상하는 힘이다. 내면을 보기 위해서는 외부 세계에 대한 지혜가 필요하다. 역으로 외부 세계에 대해 통찰력을 얻기 위해서 내면에 대한 지혜 또한 필요하다. 이는 그네의 움직임과도 같다. 뒤로 많이 올라간 만큼 앞으로도 갈 수 있다. 또한 앞으로 많이 간만큼 뒤로도 많이 갈 수 있다.

통찰력을 키우기 위해서는 인문학적 소양을 넓혀 가야 한다. 다양한 경험과 폭넓은 지식을 쌓아야 한다. 발산적 지능을 키워야 한다. 수렴적 지능은 하나의 사고에 집중하는 능력으로 분석 능력이 탁월한 엔지니어나 과학자들에게서 많이 발견된다. 표준적인 지능 검사에 의해 똑똑하다고 인정받은 사람들, 즉 IQ가 높은 사람들은 주어진 자료나 문제에 대해 정답을 잘 도출해 낸다. 하지만 대부분 상투적인 대응법에 그치고 만다.

반면 창조적인 사람들은 다양한 생각을 만들어 낸다. 어떤 것들은 유별나고 엉뚱하기까지 한데, 결국 그중의 하나가 실세계에서 의미를 획득하면서 창조성을 인정받게 되고 새로운 패러다임을 만들어 내기도 한다. 발산적 지능은 다양한 요인을 고려하여 좀 더 복잡한 사고를 펼치는 능력으로 통찰과 통섭을 위해 필요한 지능이다. 이 세계에 대한 질문을 함에 있어 왜 Why 다음에 꼭 어떻게How라는 질문을 하는 것을 잊지 말아야 한다. '왜?'라는 질문은 한 가지 원인으로 집중시키는 수렴적 사고이고 '어떻게'는 여러 가지 가능성을 열어 두어 집중을 분산시키는 발산적 사고이기 때문이다.

############### **본질을 잊지 않기**

소프트웨어는 서로 다른 다양한 기기와 서비스를 연결해 주는 핏줄과 같다. 이미 융합의 핵심이며, 미래 사회로 가는 문명 발전의 주동력이다. 인터넷이 등장하면서 전 세계가 이어지고 가까워졌지만 과거 초기의 인터넷은 단방향의 흐름이었다. 인터넷 역시 기존 TV와 같은 수동적인 방송 시스템과 다르지 않았다. 사용자는 웹에 올려진 정보만을 보는 것에 불과했다. 1999년 음악 공유 서비스 회사 냅스터의 등장으로 인터넷은 서로 정보를 나누는 지금의 웹으로 진화하게 되었다. 서버-클라이언트 모델*에서 P2PPeer to Peer 모델**로 진화한 것이다. 이후 페이스북과 구글이 등장하고 SNS가 보편화되면서 진정한 인터렉티브 인터넷 시대가 열렸다. 현 시점에서 만물을 연결하는 사물 인터넷 분야에서 가장 선두에 있는 기업은

* 하나의 서버 어플리케이션이 다수의 클라이언트에게 응용 서비스를 제공하는 방식
** 서버를 거치지 않고 개인 대 개인이 직접 연결하여 정보를 공유하는 방식

구글Google이다. 구글은 강력한 검색과 전 세계를 장악한 안드로이드 운영 체제를 기반으로 미래를 선도하고 있다. 물론 구글 역시 처음부터 잘 나가는 회사는 아니었다.

구글의 창업자인 래리 페이지와 세르게이 브린은 스탠퍼드 대학원 재학 시절 구글 검색 기술을 만들었지만 이를 기반으로 회사를 키워 낼 생각은 없었다. 래리 페이지는 사업보다는 공부를 하고 싶어 했고, 무엇보다 박사 학위를 마치고 싶어 했다. 그래서 그들이 만든 검색 기술을 원하는 회사가 있으면 회사를 팔고자 했다. 초창기 구글이 자신들의 라이선스를 매각하기 위해 동분서주하던 그 시절에 인터넷을 장악하고 있던 기업들은 야후, 익사이트, 라이코스 등이었다. 모두가 포털을 통해 사용자를 끌어들이고 있었고 검색 기능을 제공하고 있었으므로 구글은 자신들의 검색 기술이 충분히 팔릴 수 있으리라 생각했다.

구글의 두 창업자는 당시 익사이트(excite.com)의 CEO인 조지 벨과 라이선스 매각을 위한 미팅을 가졌다. 래리 페이지와 세르게이 브린은 구글의 검색 기능을 시연하기 위해 우선 익사이트의 포털 검색창에서 인터넷(Internet)이라는 단어를 입력하고 엔터 키를 눌렀다. 익사이트의 검색 결과는 대부분 중국어로 된 사이트들로 유용한 검색 결과로 보기 어려웠다. 반면 구글의 검색창에서 똑같이 인터넷이라는 단어를 입력하자 당시 웹브라우저였던 모자이크라든지 인터넷과 관련성이 높은 내용이 검색되었다. 구글의 두 창업자는 구글의 검색이 우월하다는 것을 보여줌으로써 회사를 매각하려 한 것이었는데, 익사이트 CEO 조지 벨의 반응은 예상과 달랐다. 조지 벨은 일단 자신들의 검색 결과가 열등한 것에 대해 화부터 냈다.

"그런 검색 엔진은 필요 없습니다! 우리의 목적은 사람들이 우리의 사이트에서 오래 머물기를 원하는 것이지 검색을 쉽게 만들어서 우리의 사이트에서 나가는 것을 원하는 게 아닙니다!"

그 당시 포털에서 검색은 제공되는 수많은 기능들 중 하나에 불과했었고, 야후를 비롯한 수많은 포털 사이트들은 검색 말고도 다채로운 메뉴를 제공해서 사용자들을 자신들의 사이트에 오래 머무르게 하는 것을 최대 목적으로 삼고 있었다. 포털은 말 그대로 관문인데, 관문을 통해 들어가고 나가는 것을 훼방 놓고 있었다. 문 앞에 가지가지 좌판을 늘어 놓고 호객하는 것에만 열중하고 있었던 셈이다. 구글은 자신들의 검색창을 통해 모든 것들을 이어준다는 점에서 그 당시의 포털과는 완전히 차별화된 가치를 제공해 주었다. 사실 구글은 문門이 제공하는 본질적이고 기본적인 가치에 충실했을 뿐인데 말이다. 현재 익사이트 닷컴은 인터넷상에서 명맥만 유지하고 있다. 20여 년 전 그들이 큰 가치를 두지 않았던 검색 기능은 여전히 형편없는 수준이다.

소프트웨어 에디톨로지
(Software Editology)

영원한 존재가 아닌 인간에게는 완전히 모순된 가면 속에서의 엄청난 모방이
있을 뿐이다. 창조, 이것이야말로 위대한 모방이다.

프랑스의 소설가, 알베르 카뮈

인공지능 혁명의 도화선은 데이터에 있다. 이제 AI의 철학은 데
이터와 통계에서 찾을 수 있게 되었다. 엄청난 양의 데이터가 생성되고 있
다. 이 세상에 존재하는 데이터 중 90%는 지난 5년 사이에 만들어진 것이
다. 늘어나는 데이터는 AI의 발전을 가져왔지만, 또한 우리는 정보의 가치
에 대한 문제에 직면하게 되었다. <블랙 스완>의 작가인 나심 니콜라스 탈
레브는 빅데이터의 문제점에 대해 다음과 같이 말했다.

"바늘이 점점 커지는 건초 더미 속에 파묻혀 있다."

건초 더미에서 바늘 찾기

정보가 넘쳐나지만 어떤 것이 긴요한 정보인지 알기 어렵다. 대다수의 정보는 쓰레기에 불과하다. 지식의 목적은 그것이 진리인지 여부에 있는 것이 아니라, 그 지식이 내가 필요로 하는 것인지 아닌지에 있다. 귀중한 시간을 정보를 얻는 데 소비한다면 일을 진척시키기 어렵다. 직접 아는 지식, 인간의 머릿속에 저장되어 있는 지식은 그 효용 가치가 점점 줄어들고 있다. 이제 필요한 정보를 찾아내서 활용할 수 있는 지식이 더 중요해지고 있다.

메타데이터Metadata는 정보를 위한 정보다. 빅데이터의 필수불가결한 요소다. 메타정보로 찾은 정보를 빠르게 내재화할 수 있는 능력 역시 중요하다. 문화심리학자 김정운 교수는 이를 테크놀로지와 같은 단어에 빗대 에디톨로지라고 표현한 바 있다. 에디톨로지는 뭔가 있어 보이는 용어이고, 모방의 수준이 낮은 경우 폄하해서 말하자면 짜깁기 기술이라고도 할 수 있다. 적절한 메타데이터에 기반한 정보 탐색 능력과 편집 능력이 점점 중요해지는 시대가 되고 있다.

유명 작가이자 카이스트의 젊은 뇌과학자로 대중적인 인기를 누리고 있는 정재승 교수는 TV의 한 예능 프로그램에 출연해서 예전과 달라진 현대인의 뇌 사용에 대해 이야기한 적이 있다. 스마트폰으로 대변되는 개인용 전자기기가 발달하기 이전의 시대에는 개인의 뇌는 정보를 기억하는 데 많은 리소스가 소모되었으나, 이제는 무언가를 기억하는 능력은 뇌 사용에 있어 그 비중이 적어지고 있다. 가족의 전화번호조차도 기억하지 못하는 시대이다. 엄청난 정보량에 노출되면서, 대신 검색과 정보를 편집하고 받아들이는 데 뇌가 많은 시간을 할애하고 있다는 것이다. 이런 관점에서 볼 때, 에디톨로지라는 용어가 이 시대에 시사하는 바가 적지 않다.

바퀴의
재발명

....

　　　같은 맥락으로 소프트웨어 세계에는 바퀴의 재발명이라는 키워드가 있다. 수레를 만드는 데 바퀴를 발명할 필요는 없다. 수레에 맞는 바퀴를 사다 쓰면 된다. 바보들은 다 만들어야 한다고 생각한다. 이미 있는 것을 다시 만드는 것은 DIY*, 즉 취미로 즐기면 된다. 학습을 위한 것이라면 모를까, 프로페셔널의 세계에서는 시간 낭비에 불과하다. 핵심은 만들 줄 알지만 만들지 않는 것에 있다, "자, 이제 소프트웨어를 만들어 보자."라고 외치고 컴퓨터를 켠 다음 아무것도 없는 무無의 상태에서 완전한 프로그램을 만들 수 있는 사람은 없다.

프로그래밍을 한다는 것은 특정한 프로그래밍 언어를 사용하는 것이다. C언어를 사용하면 C언어의 프로그래밍 문법만 알아서는 불충분하다. 보통의 개발자가 프로그래밍 언어에서 기본으로 제공되는 라이브러리를 사용하지 않고 코드를 작성하는 것은 거의 불가능하다. 모든 초보 프로그래머들이 만드는 Hello World 프로그램 하나를 만들려면 Hello World라는 문구를 화면에 출력하는 printf라는 함수를 기본 제공 라이브러리에서 가져다 써야 한다. 일부 DIY 정신이 투철한 임베디드 개발자들은 하드웨어 지식과 어셈블리어assembly language** 프로그래밍을 해서 기존에 있던 것과 동일한 기능을 하는 함수를 직접 만들어서 쓰기도 한다. 라이브러리를 쓸 수 없는 상황이라든지 프로그램의 속도나 크기와 같은 인자들을 최적화하기 위한 목적이 아니라면 불필요한 행위다. 직접 만들어 놓은 것에 애착이야 가겠지만 수많은 개선을 거친 기존 라이브러리가 훨씬 낫다.

---

* Do it yourself. 소비자가 원하는 물건을 직접 조립하거나 제작하도록 구성한 상품
** 기계어와 일대일 대응이 되는 컴퓨터 프로그래밍의 저급 언어

프로그램 코드를 작성하고 난 이후도 한번 살펴보자. 작성한 코드를 실행 가능한 형태로 만들기 위해서는 컴파일러Compiler와 같이 프로그래밍 언어에서 제공하는 도구들을 사용해야만 한다. 컴파일러는 컴퓨터라는 독자를 위한 번역기와 같다. 이러한 프레임 안에서 소프트웨어를 만들고 있으면서도 혼자 소프트웨어를 다 만들고 있다고 착각하면 곤란하다. 과학자들과 철학자들만 거인들의 어깨 위에 올라가 있는 것이 아니다. 소프트웨어는 이미 만들어진 것들이 99%이다. 유용한 것들을 조합해서 새로운 가치를 만드는 것이 소프트웨어 개발의 핵심이다.

이미 만들어진 것은 컴포넌트다. 컴포넌트와 컴포넌트를 연결하는 것이 인터페이스다. 소프트웨어 개발의 핵심은 인터페이스에 있다. 에디톨로지의 핵심 역시 인터페이스를 만들어 내는 것에 있다. 어떤 인터페이스를 만드는가에 따라 창조성 여부가 판가름된다. 단순하고 직관적인 것들을 잇는 것은 그냥 멀티에 불과하다. 누구나 다 할 수 있다는 얘기다. 반직관적인 것들을 이어서 직관적으로 만드는 것이 바로 융합이다. 짜깁기도 잘 하면 창조가 되고 융합이 된다. 소프트웨어 개발에서 창조적인 짜깁기를 하려면 개발하고자 하는 소프트웨어의 체계를 꿰뚫고 있어야 한다.

비난의 대상이 되는 것은 부주의하게 기존 코드를 복사해서 붙여넣기ctrl -c/v 하는 것이지 정보를 가져다 쓰는 데 있는 것이 아니다. 소프트웨어 개발에서 많은 문제가 확실히 알지 못한 상태에서 복사해서 붙여 넣은 코드들 때문에 발생한다. 이에 대한 원인은 일차적으로 개발자 본인의 부주의함이나 무성의함에 있다. 부적절한 정보가 넘쳐나는 세상이다. 제대로 알지 못하는 상태에서 그냥 남의 것이 좋아 보여서 가져다 쓰게 되면 원본과 괴리된 아류일 뿐이다. 아류로만 그치면 다행이지만 가져다 쓴 이후 문제가 될 소지가 다분하다. 잘 동작하던 것이 난데없이 문제가 생기면 대응하지 못한다. 직접 만든 것이 아니라 베낀 것이니 대응할 능력이 없는 것이다. 가져다 쓴 것을 더 발전시키는 것은 꿈도 꾸지 못한다. 애플의 GUI가 제록스의 GUI의 카피캣 이상으로 평가받는 것은 모방으로만 그치지 않았기 때문이었다.

모방으로 그치지 않기 위해서 역설적으로 숱한 모방이 필요하다. 경험과 지식 그리고 지혜가 쌓이다 보면 모방 이상의 가치를 만들어 낼 수 있게 된다. **모방에 있어 중요한 점은 가장 기초가 되는 원론을 숙지해야 한다는 것이다.** 모방을 하되 파생에 파생을 거듭하여 왜곡되어 있는 정보를 가져다 쓰는 것을 경계해야 한다. 인터넷에는 수많은 정보가 가득하다. 어려운 원개념을 잘 정리해 놓은 글들이 많다. 공부로 치자면 일종의 참고서로 볼 수 있다. 어떤 블로그는 아주 쉽게 개념을 정리해 놓았는데, 너무 쉽게 설명하려고 하다 보니 읽는 사람이 원개념을 오히려 잘못 이해하는 경우도 생긴다. 소프트웨어가 생각대로 잘 구현되지 않으면 더 많은 정보를 찾아보고 더 공부를 하게 되고 자연스럽게 원개념을 정확하게 이해하게 된다.

운이 좋아서 단편적으로 파악한 정보만으로 소프트웨어를 만들고 동작까지 하게 되는 경우가 나중에는 문제가 된다. 단편적인 정보들과 여기저기서 복사한 코드들로 소프트웨어를 만들었는데 운이 좋아 잘 동작하는 것이다. 사실 이는 운이 좋은 경우가 아니라 오히려 운이 나쁜 경우가 될 수 있다. 잘 모르고 코드를 짜 놓았는데 실행 결과가 의도한 대로 나오니 더 이상 코드를 검토하지도 않고 더 깊이 이해하려는 시도도 하지 않는다. 결함을 내재한 채로 개발이 진행되다가, 시간이 흘러 꽝 하고 터진 문제에 막상 대응하려고 하면 개발을 직접 한 개발자가 손을 못 쓰는 상황이 발생한다. 문제가 생겨서 다시 뜯어보고 이리저리 계속 돌고 나서야 원개념을 들여다보게 된다. 소 잃고 외양간 고치고, 호미로 막을 것을 가래로 막게 된다. 아무 문제가 없었다면 그냥 아주 운이 좋은 것에 불과하다. '그냥 가져다 쓰고 아무 문제가 없길 기도하는 방식'의 개발은 제대로 된 모방이 아니다.

원류를 이해하는 힘이 또 다른 원류를 만든다:
유닉스와 리눅스

....

　　모든 것의 뿌리는 자연에 있다. 원개념이라는 것은 무엇이든지 간에 자연으로부터 발견한 것에 지나지 않는다. 인류가 최초로 모방했으며 아직도 모방하고 있는 것이 자연이다. 최초로 자연을 모방한 자는 창조자가 되었다. 티벳어에는 창조성 혹은 창조적이라는 말이 없다고 한다. 가장 가까운 뜻으로 사용되는 말은 자연적natural이라는 단어다. 다시 말해 가장 자연적인 것이 가장 창조적인 것이라는 것이다. 우리가 찍찍이라고 부르는 벨크로는 자연을 모방한 창조적 사례의 전형이다. 1941년 스위스의 엔지니어 조르주 드 메스트랄은 자신의 개와 함께 사냥을 나갔다 돌아와서 개의 털에 붙어있는 조그만 도꼬마리 가시들을 보고 벨크로를 발명했다. 선각자들이 자연을 보고 창조한 것들로부터 또 다른 창조물이 만들어진다. 원류를 아는 것은 창조의 바탕이 된다.

구글의 안드로이드는 전 세계에 존재하는 디바이스들의 운영체제로써 가장 널리 사용되고 있다. 스마트 가전 분야에서 현재 안드로이드의 점유율은 압도적이다. 안드로이드는 리눅스에서 파생된 운영체제이므로 안드로이드 플랫폼을 개발하는 소프트웨어 개발자는 리눅스에 대해 잘 알고 있어야 한다. 마찬가지로 리눅스 개발자가 리눅스의 원조인 유닉스에 대해 잘 안다면 원류를 알고 있는 것이다. 리눅스가 스마트 디바이스에 적합한 것은 리눅스가 다중사용자multi-user 환경과 네트워킹에 강력한 성능을 가지고 있기 때문인데 이는 유닉스의 태생적 환경 덕분이다. 유닉스는 지금과 같은 PC 환경을 위해 만들어진 운영체제가 아닌 서버-클라이언트 환경에서 만들어진 운영체제다. 지금이야 윈도우든 리눅스든 간에 다중 사용자 로그인을 지원하는 것은 당연해 보이지만, 1970년대만 하더라도 PC는 개인적으로 사용하는 컴퓨터이므로 다중 사용자 지원은 별로 필요한 기능이 아니었다. PC가 대중화되기 이전 유닉스가 탄생한 1970년대 당시에 컴퓨터는 대학교나 연구소에서만 사용이 가능했다. 컴퓨터는 중앙통제실에 위치해 있고, 컴퓨터를 쓰기 위해서는 전산실에서 별도의 단말기클라이언트를 사용해서 중앙 컴퓨터에 접속해야만 했다. 여러 명의 사용자가 동시에 접속하므로 다중 사용자의 프로그램 실행을 원활하게 하는 운영체제가 필요했고, 그를 위해 개발된 것이 멀틱스Multics라는 운영체제였다.

1960년대 후반 MIT대학에서 개발된 멀틱스는 시분할 다중 프로그래밍을 지원하도록 설계되었는데, 이것은 유닉스를 비롯한 현대의 모든 운영체제의 핵심 기능인 멀티태스킹의 모태가 된다. 멀틱스는 당초의 웅장했던 포부와는 달리 성공적으로 자리매김하지 못하지만 멀틱스 개발에 참여했었던 벨 연구소의 켄 톰슨과 데니스 리치에 의해 유닉스가 만들어지는 계기가 된다. 당시 유닉스를 개발하게 된 동기는 멀틱스와는 달리 그리 거창한 것은 아니었다. 켄 톰슨을 비롯한 벨 연구소의 개발자들이 당시 유행했던 우주여행 게임Space Travel을 소형 컴퓨터인 PDP-7에서 실행하기 위해 PDP-7을 위한 운영체제를 만든 것으로부터 유닉스의 역사가 시작되었다. 이름을 유닉스라고 지은 것도 사실 말장난이었다. 당시 개발 중이었던 멀틱스가 단어 그대로 여러 가지 기능을 제공하지만, 당시 새로 만든 PDP-7 운영체제는 한 가지 기능이라도 제대로 제공할까 말까 하는 수준이었기 때문이었다. 컴퓨터와 소프트웨어 역사를 뒤집어 보면 웅대한 목표를 가지고 설계된 것들보다 마치 장난처럼 시작한 것들이 성공한 사례들이 적지 않다. 유닉스가 그랬고, 또한 리눅스가 그러했다. 1991년 8월 25일 핀란드의 대학생이었던 리누스 토발즈는 유즈넷에 당시 취미 삼아 개발하고 있던 리눅스에 대한 글을 처음으로 올렸다.

> 미닉스를 이용 중인 여러분, 안녕하세요. ☺
>
> 386(486) AT 클론용 운영체제를 개발하고 있습니다. 그냥 취미로 하는 거라 GNU 처럼 크고 전문적인 시스템이 되진 않을 거예요…. 여러분들이 가장 원하는 기능은 무엇인지 알고 싶습니다. 어떤 제안도 환영하지만 구현할 거라는 약속은 못합니다.

유닉스의 개발자들이 오늘날 유닉스가 컴퓨터 업계에 끼친 영향의 1/100 도 예측하지 못했던 것처럼, 리누스 토발즈 역시 리눅스가 운영체제로서 현 시대의 디바이스를 지배할 것이라고 전혀 예측하지 못했다. 다만 그들은 그들의 창조물들이 개선의 가치를 가지고 있음을 믿었다. 가치를 더해서 원류를 뛰어넘을 수 있던 비결은 원류를 이해하는 힘에 있었다. 유닉스가 운영체제의 시초가 될 수 있었던 비결은 이식성에 있었고, 리눅스가 현대의 운영체제를 지배하게 된 비결은 개방성에 있다. 1960년대의 운영체제는 하드웨어를 제어하는 프로그램이라는 개념이 강했다. 그것 역시 운영체제가 하는 일이기는 하지만 하드웨어 제어만이 운영체제가 하는 일은 아니다. 현재는 하드웨어뿐만이 아닌 여러 가지 프로그램과 하위 소프트웨어를 제어하고 관리하며 효율적으로 운용할 수 있는 최상위 소프트웨어 플랫폼이라는 개념이 더 강하다.

여하튼 1970년대 이전까지만 하더라도 운영체제는 하드웨어에 종속적인 또 다른 하드웨어에 불과했다. 하드웨어를 제어하기 위해서는 해당 하드웨어에 맞는 어셈블리 언어로 코드를 작성해야 했다. 당연히 특정 컴퓨터를 위해 만들어진 운영체제를 다른 컴퓨터에서는 사용할 수가 없었다. 다른 컴퓨터에서 사용하기 위해서는 그 컴퓨터에 맞는 어셈블리 언어로 코드를 재작성해야만 했다. 따라서 아무리 잘 만들어진 운영체제라도 널리 사용되기에는 한계가 있었다. 유닉스를 공동 개발한 벨 연구소의 데니스 리치는 이식성을 확보하기 위해 어셈블리어가 아닌 고차원 프로그래밍 언어로 운영체제를 개발하기로 결정하고 새로운 프로그래밍 언어를 만들어낸다. 그것이 오늘날에도 널리 사용되는 C언어다.

C언어는 운영체제 작성을 위해 태어난 프로그래밍 언어이므로 하드웨어 제어에 최적화되어 있고 빠르고 가볍다. 오늘날 거의 모든 임베디드 디바이스의 운영체제 및 로우 레벨low-level 소프트웨어는 C언어로 개발된다고 해도 과언이 아니다. 유닉스와 C가 만들어진 이후 나온 거의 모든 CPU와 컴퓨터들이 유닉스와 C언어를 고려하여 설계되었기 때문이었다. 1990년 대에 리처드 게이브리엘은 *"유닉스와 C는 궁극적인 컴퓨터 바이러스다."*라는 말을 했는데, 이 말은 전혀 과장처럼 들리지 않는다. 2000년대가 되면서 리눅스가 대세가 되었고, 유닉스는 이제 위키피디아에서나 볼 수 있는 단어가 되었다. 모든 것은 원류에서 시작하고, 다시 또 다른 원류가 된다. 지금 이 순간에도 또 다른 안드로이드, 또 다른 리눅스가 개발되고 있지만 무엇이 원류가 될지는 아무도 모른다. 하지만 지나온 물길을 거슬러 물살이 최초로 시작된 그 곳에 가보았던 사람과 그렇지 않고 바로 지금 흐르고 있는 물줄기만을 보고 있는 사람 간의 차이는 있을 수밖에 없다.

창조는 중요하다. 다만 모든 것을 직접 할 필요는 없다. 모든 것을 창조할 수는 없고, 그럴 필요도 없다. 아예 어떤 일을 할 필요도 없을 수 있다. 이런 판단들은 AI가 아닌 인간만이 결정할 수 있는 것들이다. 다음 장에서는 소프트웨어 개발에 있어 무엇을 해야 하는가Object, 또 누가 해야 하는가Subject 그리고 어떻게 해야 하는가Project에 대한 이야기를 해 보고자 한다.

앨런 튜링과 튜링 기계 이야기

2014년에 개봉한 영화 <이미테이션 게임>은 앨런 튜링이라는 천재 수학자의 실화를 기반으로 만들어졌다. 튜링은 독일의 암호 기계 '에니그마Enigma'의 암호 체계를 풀어냄으로써 2차 세계대전의 종식에 기여하지만, 동성연애자라는 이유로 차별받다가 독이 든 사과를 먹고 자살하는 비운의 인물이기도 하다. '튜링 테스트'는 튜링이 제안한 개념으로 기계가 인간을 흉내 낼 수 있는지, 다시 말해 범용 인공지능으로 인정할 수 있는지 여부를 테스트하는 것이었다. 1950년, 튜링은 그의 논문을 통해 기계가 사람처럼 사고할 수 있으며, 이는 기계의 반응을 사람의 반응과 구별할 수 있는지 여부를 통해 파악이 가능하다고 주장했다. 지금 보면 별것도 아닌 이야기 같지만 튜링의 생각은 인공지능의 개념적 토대를 마련해 주는 핵심 아이디어가 되었다. 튜링은 컴퓨터의 시조이기도 하다. 컴퓨터와 소프트웨어 그리고 인공지능의 프로메테우스와 같은 존재가 앨런 튜링이다.

튜링 기계

알고리즘과 수학이 발전함에 따라 수학자들은 수학 문제를 해결할 수 있는 기계적 장치에 관심을 가지게 된다. 파스칼, 라이프니츠, 찰스 배비지를 거쳐 앨런 튜링과 폰 노이만이 컴퓨터의 원형을 만들었다. 튜링은 무한히 긴 1개의 테이프와 그 테이프에 쓰인 문자를 읽고 쓰기 위한 헤드가 붙어 있는 아주 간단한 구조의 기계를 고안해 낸다. 기계의 헤드는 테이프를 오른쪽 또는 왼쪽으로 한 칸씩 이동시킬 수 있었고, 이동시킬 때마다 테이프에 쓰인 문자를 읽거나 쓰는 동작을 할 수 있었다.

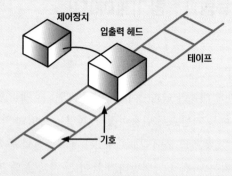

제어장치

입출력 헤드

테이프

기호

튜링 기계

이것은 오늘날 이진수, 즉 비트 연산의 개념과 같으며 컴퓨터가 데이터를 처리하는 방식과 동일하다. 단순하지만 그때까지 아무도 생각해 내지 못한 독창적인 계산기 모델이었다. 튜링은 1936년에 이 계산기 모델을 논문으로 발표했고, 그 이듬해에 처치라는 다른 수학자가 이 기계에 튜링 기계라는 이름을 붙이게 된다. 실제 기계를 만든 것이 아니라 개념적 이론을 제시한 것에 불과하지만 생각만으로 오늘날 사용되는 컴퓨터의 원형을 만든 것이니 대단하다고 말할 수밖에 없다.

튜링은 어떤 문제를 풀 수 있는 알고리즘이 존재한다면, 튜링 기계로 그 문제를 풀 수 있다고 정의했다. 거꾸로 말하자면 알고리즘이 존재하지 않는다면 튜링 기계로 계산할 수 없다는 것을 의미한다. 이것은 튜링의 '계산 불가능' 개념으로 알려져 있다. 튜링이 '계산 불가능'으로 말하고자 했던 것은 계산할 수 없는 문제, 다시 말해 알고리즘에는 한계가 존재한다는 것이었다. 이것은 튜링과 동시대 수학자였던 쿠르드 괴델이 발표한 '불완전성 정리'와 맥을 같이 한다. 괴델은 불완전성 정리를 통해 '아무리 수학을 발전시켜도 증명할 수도 부정할 수도 없는 명제가 반드시 존재한다'라는 것을 증명했다. 당시 수학계에서 튜링과 괴델의 이론은 마치 수학의 한계를 천명한 듯한 충격으로 다가왔지만 실제로는 수학과 과학을 더 발전시키는 촉매 역할을 하게 된다. 계산 불가능한 문제의 존재는 1970년대에 러시아의 수학자 마티야세비치가 디오판토스 방정식이라는 문제를 풀 수 있는 알고리즘이 존재하지 않는다는 것을 증명함으로써 입증되었다. 이로써 무려 40년 전 튜링이 제시했던 '계산 불가능'의 개념이 증명된 것이다.

만능 튜링 기계

현대의 기계는 하드웨어와 소프트웨어로 이루어져 있다. 하드웨어와 소프트웨어를 결합한 것을 하나의 기계라고 할 때, 다른 소프트웨어가 들어 있는 기계는 고전적 관점에서 다른 기계로 취급되었다. 리니지를 하려면 리니지 컴퓨터가 필요하고, 배틀그라운드를 하려면 배틀그라운드 컴퓨터가 필요했던 것이다. 이런 비효율성을 없애기 위해 앨런 튜링은 만능 튜링 기계라는 개념을 고안해 낸다. 만능 튜링 기계는 서로 다른 종류의 소프트웨어와 입력 데이터를 받아들일 수 있는 하드웨어다. 쉽게 말해 지금의 컴퓨터와 동일하다. 지금이야 스마트폰에 가지가지 앱을 깔아서 사용하지만, 그 당시에는 하나의 하드웨어에 여러 개의 소프트웨어를 구동시킨다는 것은 그 누구도 상상하지 못한 개념이었다. 튜링의 스승이었던 폰 노이만이 이 개념을 사용해서 실제 컴퓨터를 설계하고 개발하게 된다. 폰 노이만이 만든 내장형 프로그램 구조를 '폰 노이만 아키텍처'라고 부른다. 주기억장치에 소프트웨어^{프로그램+데이터}를 저장해 놓고, 중앙처리장치^{CPU}에서 실행하는 방식이다. 폰 노이만이 제안한 이 구조가 현대 컴퓨터 구조의 초석이 된다.

만능 튜링 기계 개념도

튜링은 컴퓨터의 처리 방식을 고안해 냈고, 소프트웨어가 돌아가는 컴퓨터 이론 또한 창조해 냈다. 튜링이 컴퓨터 세계의 프로메테우스가 아니라면 다른 어떤 누가 그런 호칭을 받을 수 있을까.

어떤 개발자가 살아남는가

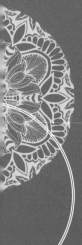

3장

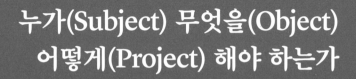

누가(Subject) 무엇을(Object)
어떻게(Project) 해야 하는가

오브젝트
(Object)

💻

지혜는 일을 하는 것을 피하면서 일을 완수하는 역량이다.

핀란드의 프로그래머, 리누스 토발즈

미국의 극작가 앤디 루니는 미국 CBS의 인기 시사 프로그램 '60분'에 30년 넘게 출연하며 이라크 전쟁이나 미국 대선과 같은 크고 중요한 사안에서부터 구두끈과 같은 일상적인 소재에 이르기까지 다양한 분야에 독특하고 재기발랄한 논평을 해 온 것으로 유명하다. 앤디 루니는 컴퓨터를 처음 보고 이런 말을 했다.

> *"컴퓨터는 수많은 일들을 더 쉽게 만들어 주지만 그런 일의 대부분은 사실 할 필요가 별로 없는 것들이다."*

컴퓨터를 가지고 보고서도 쓰고 프로그램 코드도 짜지만, 대부분 사람들은 게임하고 인터넷 서핑하는 데 더 많은 시간을 쓴다. 컴퓨터를 비단 데스크톱이나 랩톱과 같은 전형적인 PC만이 아닌 스마트폰이나 태블릿과 같은 디바이스들로 확대하면 더욱 그렇다. 지하철에 서 있든 버스에 앉아 있든 SNS를 하거나 유튜브를 보거나 게임을 한다. 꼭 할 필요는 없는 여흥에 가까운 일들이다. 사실 컴퓨터가 있고, 스마트폰이 있으니 하게 되는 일들이다. 재미로 하는 일, 시간 때우려고 하는 일들을 가지고 그리 고민할 필요는 없다.

문제는 꼭 해야 하는 일들을 하면서 생기는 시간 낭비다. 우리의 업무를 들여다 보면 그런 것들이 적지 않다. 실제 소프트웨어 개발 프로젝트를 진행할 때 막바지에 이르러 돌아보면 적지 않은 일들이 할 필요가 없었던 것으로 밝혀지는 경우가 많다. 일을 시작할 때만 해도 꼭 해야 한다고 생각했지만 결과적으로 시간 낭비에 불과한 일들이다. 필요 없는 기능을 개발하려고 몇 주를 허비하는 것은 다반사다. 좀더 소프트웨어 개발의 일상을 들여다 보면, 잘못 들어간 디버깅의 숲에서 한참을 헤매며 엉뚱한 구덩이만 파다가 지쳐서 나자빠지는 풍경은 더 흔하다.

무엇을 먼저
해야 하는가
....

기업이나 연구소에서 진행하는 소프트웨어 개발의 규모는 하루이틀로 끝낼 수 있는 일이 아니다. 작은 모듈조차도 몇 주 단위의 개발 기간이 할당된다. 지금 하고 있는 일을 다음 주에도 하고 있을 가능성이 크다. 따라서 소프트웨어 개발은 '바로 지금' 무엇을 해야 하는지 아는 것이 가장 중요하다고 해도 과언이 아니다. 무엇을 먼저 해야 하는지 결정하기 전에 무엇을 하지 않을 것인지 또한 알고 있어야 한다. 여기까지는 모두가 상식적으로 고개를 끄덕거리며 심사숙고해서 결정하는 부분이다. 문제는 초기 결정에는 심혈을 기울이지만 이후에는 이러한 과정을 위해 별다른 노력을 기울이지 않는다는 것이다. 신이 아닌 이상 처음 내렸던 결정과 목표가 매번 마지막까지 최선이기는 어렵다.

소프트웨어는 생명체와도 같다. 소프트웨어 요구사항이 고정이 아니라 생명체처럼 바뀌기 때문에 소프트웨어 역시 변화의 속성을 갖는다. 기술과 시장이 변하고 고객도 변한다. 어제 중요하지 않았던 것이 오늘 중요한 것이 될 수 있다. 우선순위는 바뀔 수 있고, 사실 바뀌는 것이 더 자연스럽다. 우선순위를 항상 새로 고침하는 것이 일을 제대로 하는 방법이다. 고정된 경로를 이탈할 수 없는 AI와 달리 인간은 유연하게 경로 변경이 가능하다.

그럼에도 불구하고 처음에 내렸던 결정에 집착하는 리더와 개발자들이 있다. 빛바랜 과거의 성공 사례에 집착하거나 자신의 능력을 너무 과신해서일 수 있다. 생각을 유연하게 바꾸지 못하는 것은 프레임에 갇혀 있기 때문이다. 그 프레임은 과거의 성공일 수도 있고, 능력의 과신이 만들어 낸 선입관일 수도 있는데 시간이 흐를수록 더욱 공고해지는 속성을 갖는다. 개발이 많이 진행될수록 초기의 결정을 뒤집는 것은 더 어려워진다. 닻 내림 효과는 처음 결정했던 것이 선입관이 되어 나중의 판단에 영향을 주는 것을 말한다. 처음 결정으로부터 시간이 많이 지나면 지날수록 닻 내림 효과는 커지게 된다.

한 사진작가 지망생이 자신이 찍은 최고의 사진들을 잔뜩 들고 명망 높은 노사진작가의 자문을 구하려 해마다 찾아왔다. 노사진작가는 꼼꼼히 사진을 한장 한장 검토해 주고 별로인 사진들은 모두 버렸다. 사진작가 지망생이 가져오는 사진 중에는 항상 똑같은 사진이 한 장 포함되어 있었다. 노사진작가가 보기에는 썩 좋은 사진이 아니어서 매번 그 사진은 쓰레기통에 버려졌다. 다시 새해가 되어 사진작가 지망생이 노사진작가를 찾아왔다. 이번에도 똑같은 사진을 다시 찍어서 가져왔다. 이 놈 참 끈질기다고 생각한 노사진작가는 왜 매번 별로라고 하는 사진을 들고 오냐고 역정을 냈다. 그러자 사진작가 지망생이 대답했다.

"그 사진을 찍으려면 산꼭대기까지 올라가야 합니다. 제가 제일 힘들게 찍은 사진이니까 가장 좋은 사진이라고 생각하는데요."

아깝더라도 아닌 것들은 버려야 한다. 중요한 것은 처음 내린 의사결정을 관철하고 완수하는 것이 아니라 최선의 결과를 만드는 것이다. 우선순위를 세우고 가장 중요한 일을 먼저 해야 한다는 사실에 이의를 제기하는 사람은 없지만, 실제 그렇게 하는 사람은 드물다. 우선순위가 제대로 설정되지 않은 경우 일의 전개가 잘못되어 가고 있음을 알아차리는 것은 한참 후가 될 수도 있다. 효율은 최고였지만 효과는 없는 상황이 발생할 수 있는 것이다.

소프트웨어 자체의 효율성은 부차적인 요소다. 중요한 것은 소프트웨어가 만들어진 목적에 부합하는지 여부다. 빠르고 안정적으로 동작하지만 고객에게 가치를 주지 못하는 소프트웨어를 만드느니 아무것도 하지 않는 게 낫다. 화살이 과녁에서 벗어났는데 화살이 아무리 멀리 날아간들 무슨 소용이 있겠는가? 오히려 날아가는 속도와 강도가 강하면 강할수록 문제가된다. 우선순위 설정이 제대로 되지 않고, 해야 할 과업에 대한 명확한 정의가 내려지지 않았음에도 실제 개발이 진행되는 것을 가끔 보게 된다. 통상 비즈니스 기회를 놓치지 않기 위한 마케팅적인 이슈가 대부분의 이유다. 첫 단추를 바로 끼우지 않고서는 옷을 제대로 입을 수는 없다. 시간이 부족할수록 목표를 더욱 확고히 정해야 한다.

소싯적 군 복무하던 부대에 중위 한 명이 있었다. 보직이 정보장교였는데, 사병들은 뒤에서 그를 정보장교라고 부르지 않고 멍부장교라고 흉을 봤다. 멍부멍청한데 부지런한 군대 상사들이 사병들에게 얼마나 큰 고통을 주는지 겪어 본 예비역들은 알 것이다. 그냥 아무것도 안 하면 차라리 나은데 항상 열심히 뭔가를 한다. 주말에도 츄리닝 차림으로 나와서 늦게까지 일을 하는데도 불구하고 매주 월요일 간부회의에서 대대장에게 혼나는 정보장교를 보면 한심했다. '그냥 가만히 있으면 중간이라도 갈 텐데'라는 생각마저 들었다. 일은 대부분 사병들에게 시키기 때문에 항상 정보계원을 비롯한 본부중대 사병들은 야간에도 일하고 주말에도 일하느라 죽을 맛이었다. 회사라면 사표 내면 그만이겠지만, 군대의 상명하복이라는 특성 탓에 찍소리 못하고 모두가 그냥 꾹꾹 눌러 참으며 제대할 날짜만을 기다렸다. 무능하냐 유능하냐의 차이가 하기로 한 일이 무엇인가라는 선택에 따라 결정된다. 아무리 기를 쓰고 산을 올라도 정상에서 '여기가 거기가 아닌가벼' 하면 다리는 풀릴 수밖에 없다.

연초에 소프트웨어 회사에서 벌어지는 개발 기획 보고 시의 풍경을 보자. UI 개발팀에서 현재 UI에 대한 개선안과 새로운 기능에 대한 기획을 발표한다. 작년에 고객들의 불만이 있었던 부분에 대해 보완책과 새로운 아이디어를 발표한다. 개발팀의 목표는 근시안적인 경우가 적지 않다. 문제의 원인에 대해서는 잘 알지만 그 대안이 회사의 입장에서 최선은 아닐 수 있다. 해야 할 첫 번째 질문은 이것이다.

> *해야 한다고 리스트업한 일들이 전체의 목표에 부합하는가?*
> *그리고 현실에 부합하는가? 다시 말해 해야 할 일인가 아닌가?*

그리고 개발팀과 회사에서는 두 번째 질문에 대해서도 잊지 말아야 한다.

> *지금의 목표들이 연말에도 유효할 것인가?*

많은 업무들이 유지보수며 실제 당장 해야 하는 일들에 우선순위가 밀리게 되고, 결국 연말에 가면 "시간적으로나 리소스적으로나 어려워서 결국 못했다.", "하긴 했으나 결국 기능이나 품질은 적당히 타협되었다." 등과 같은 결과가 나오기 일쑤다. 만약 하기로 한 일이 연초나 연말에나 마찬가지로 중요한 것이었다면 그런 변명들은 나오지 않을 것이다. 목표 달성이 중요한 게 아니라 달성한 목표가 무엇인지가 더 중요하다.

우선순위 역전 현상
(Priority Inversion)
··················

　　현대의 운영체제 소프트웨어^{OS}는 모두 멀티태스킹을 지원한다. 쉽게 말해 여러 가지 프로그램이 동시에 수행되는 것이다. 덕분에 우리는 파일을 다운로드하는 동안 음악을 들으며 웹서핑을 할 수 있다. 앞서 유닉스의 모체였던 멀틱스가 최초의 시분할 프로세스 운영체제라고 소개한 바 있다. 멀티 태스킹의 원리는 운영체제마다 다소 다른데 첫 번째 원리는 타임 슬라이스^{time slice}다. 시간을 균등하게 쪼개서 할당된 시간 동안 각각의 프로세스^{process}를 운용하는 것이다. 두 번째는 프로세스별로 우선순위를 부여해서 중요한 일이 덜 중요한 일보다 먼저 처리되도록 하는 것이다. 이두 가지 전략을 바탕으로 운영체제에서 프로세스를 운용하는 것을 스케줄링^{scheduling}이라고 한다. 프로세스는 프로그램이 실제 실행되는 컨텍스트 내지는 덩어리로 프로그램이 아닌 프로세스가 스케줄링의 대상이 된다.

프로세스에 대한 우선순위는 사전에 부여되는데, 이 우선순위를 어떻게 정하느냐가 매우 중요하다. 우선순위가 잘못 정해지면 시스템이 오작동하거나 아예 동작하지 않을 수도 있다. 다양한 사용자 시나리오에서 적절하게 우선순위를 조정하는 것 또한 필요하다. 예를 들어, 사용자가 파일을 다운로드하면서 동영상을 보고 있다면 동영상 재생에 관련된 프로세스의 우선순위가 높아야 한다. 파일이야 몇 초 늦게 다운로드되어도 상관없지만, 파일 다운로드 때문에 동영상이 버벅거린다면 사용자는 짜증이 날 것이다.

높은 우선순위는 낮은 우선순위에 항상 우선한다. 하지만 이런 전제가 무너지는 경우도 있는데 이를 우선순위 역전 현상^{Priority Inversion}이라고 한다. 서로 독립적인 프로세스들보다는 자원을 공유하는 스레드^{Thread}와 같은 태스크^{Task}들을 스케줄링할 때 일어날 수 있는 문제다. 높은 우선순위를 가진 스레드가 낮은 우선순위를 가진 스레드 때문에 실행되지 않는 현상이 발생하는 것이다.

처음부터 우선순위를 제대로 정하는 것이 중요하다. 그만큼이나 중요한 것이 지속적으로 모니터링해서 우선순위가 역전되는 문제를 바로잡는 것이다. 처음 우선순위를 정할 때나 진행 상황을 모니터링할 때나 잊지 말아야 할 것은 일을 하고 있는 궁극적인 목적이다. 개발 단계에서 세부적인 사항들에 얽매이다 보면 본래의 목적을 잊고 잘못된 의사 결정에 이르기도 한다.

최고선은 무엇인가:
니코마코스 윤리학

····················

　　<니코마코스 윤리학>은 아리스토텔레스가 강의한 내용을 아들인 니코마코스가 편집한 것으로 알려져 있다. 총 10권으로 구성되어 있으며, 도덕에 대한 아리스토텔레스의 철학을 담고 있다. 이 책에서 아리스토텔레스는 모든 학문의 최고봉을 정치학으로 규정했고 다른 기술과 학문들이 모두 정치학에 종속적이라고 보았다. 그 이유는 최고선을 국가 차원에서 찾았기 때문이었다. 아리스토텔레스나 그 당시 사회의 가치관으로는 개인보다는 민족과 국가의 이익이 우선이었다. 오늘날의 민주주의 가치관으로는 이해하기 어렵지만, 조선 왕조를 떠올리면 어느 정도 수긍이 갈 것이다. 아리스토텔레스에게 윤리학은 정치학으로 가는 입문 과정의 학문이었다. 아리스토텔레스는 이 책을 통해 최고선이 무엇이며, 어떠한 가치를 지니는지를 이야기한다. 모든 기술과 탐구, 다시 말해 모든 행동과 선택은 선$^{Agathon, good}$을 목표로 한다. 최종 목적은 최고선이며 하위 목적은 더 큰

목적에 종속된다. 모든 것은 각자 고유한 기능이 있고 그 기능을 잘 실현할 때 최선의 상태에 이를 수 있다.

라파엘로 <아테네 학당> - 가운데 대화를 나누는 두 인물이 플라톤과 아리스토텔레스다

모든 인간 활동은 최고선을 추구한다. 최고선이 무엇인지는 여기서 중요하지 않다. 중요한 것은 하나의 목적은 다른 목적에 종속될 수 있다는 것이다. 당연한 말인데, 실제 일을 하다 보면 잊기 쉬운 지혜다. 기술과 학문에는 여러 종류가 있는 만큼 그 목적 또한 여러 가지다. 이를테면 의술의 목적은 건강이고, 조선술의 목적은 선박이며, 군사학의 목적은 승리이고, 경제학의 목적은 돈이다. 그러나 말 굴레 제작 기술이나 마구에 관계되는 다른 기술이 승마술에 종속되고, 승마술과 모든 종류의 군사 행동이 군사학에 종속되며 다른 기술이 또 다른 기술에 종속되듯, 이들 행위와 기술과

학문이 하나의 능력^{Ergon}에 종속될 때는, 어떤 경우에도 주된 기술의 목적이 종속된 기술의 목적보다 더 바람직하다. 후자를 추구하는 것은 전자를 추구하기 위해서니까. 행위의 목적이 활동 자체이든 앞서 말한 학문에서처럼 행위에 수반되는 그 무엇이든 이 점은 마찬가지다.

어떠한 일을 할 때나 그 일의 궁극적인 목표를 항상 염두에 두어야 한다. 실린더에 자갈을 먼저 넣으면 그 다음에 모래를 넣을 수 있고 그 다음에 물을 넣을 수 있다. 이것은 모든 일에는 무릇 틈새가 있다는 취지로 마케팅 관점에서 틈새시장에 대한 예화로 사용되곤 한다. 하지만 정작 중요한 교훈은 틈새시장 같은 것이 아니다. 더 중요한 교훈은 모래를 먼저 넣으면 결코 실린더에 자갈을 넣을 수 없다는 것이다. 일을 하건 소프트웨어 개발을 하건 업무를 보고하건 간에 마찬가지다. 가장 중요한 일을 최우선해야 한다. 또한 실시간 모니터링이 필요하다. 만약 모래를 먼저 넣었는데 자갈을 넣으려면 그때라도 모래를 파 줘야 자갈을 넣을 수 있다. 항상 중요도는 바뀔 수 있다는 것을 염두에 두고 일하는 것이 좋다.

소프트웨어 개발자들은 자신이 맡은 코드가 개발이 끝나면 소스코드 형상 관리 시스템에 작업한 코드를 업데이트^{체크인, Check-in}한다. 코드를 업데이트하면서 작업한 내역을 시스템에 기재하는데 이것을 '커밋 로그'라고 한다. 소프트웨어 개발자들은 커밋 로그에 자신이 더 노력을 많이 들인 코드, 더 시간을 많이 들여서 개발한 코드에 내한 내역을 우선하는 경향이 있다. 이는 잘못된 방식이다. 해당 소스코드 형상 관리 시스템을 사용하는 동료 개발자나 해당 커밋 로그를 통해 정보를 얻게 되는 이해관계자들^{상사도 될 수 있고, 경우에 따라 고객이 될 수도 있다} 관점에서 중요하다고 판단되는 것을 먼저 기술해야 한다. 비록 그것이 노력을 덜 들인 것이라 할지라도 말이다. 코드를 한 줄 짜고 100줄 짜는 것이 중요한 게 아니라 그 코드가 가지는 최종적인 가치가 우선이다. 이것은 보고서를 쓸 때도 마찬가지다. 내가 무엇을 한 것인지가 중요한 것이 아니라 전체 소프트웨어와 프로젝트의 관점에서 중요한 것을 우선 기술해야 한다.

머리로는 알고 있지만 실제 본인의 개발 업무에 몰두하다 보면 숲 전체와 먼 하늘을 보지 못하고 땅만 보고 일하게 된다. 사실 소프트웨어 개발자들은 소심할 수밖에 없는 직업병이라면 직업병을 가지고 있는데 이는 다루는 프로그램의 세계가 미시적인 시각을 요구하기 때문이다. 분과 초 단위로 일상이 진행되는 현실과 달리, 개발자들의 시간 단위는 최소 마이크로초 이하의 정밀함이 요구된다. 코드를 쪼개고 쪼개서 분석하고 구현해야 한다. 단위 모듈과 단위 함수에 치중하다 보면 전체 소프트웨어 그리고 나아가서는 비즈니스 도메인까지 고려한 거시적인 시각을 가지기 어렵다. 같은 물건을 계속 바라보면 눈이 흐려져서 아무것도 볼 수 없게 되는 것처럼, 한 가지 일만 생각하고 미시적인 부분에만 치중하면 큰 것을 보지 못한다. 그래서 소프트웨어 개발자에게는 다른 직업군의 사람들보다 편협한 시각을 벗어나려는 의식적인 노력이 필요하다. 본인이 맡은 개발 모듈이 전체 소프트웨어 구조에서 어떻게 연동되고, 또 어떠한 중요성을 가지는지 알 수 있다면 해당 부분이 정말 필요한 것인지 아닌지도 판단할 수 있다.

서브젝트
(Subject)

천사가 날 수 있는 것은
스스로를 가볍게 할 줄 알기 때문이다.

영국의 작가, 길버트 키스 체스터턴

내가 해야 해
증후군

인정받는 개발자가 되기 위해서는 특정 분야에서는 탁월한 전문가가 되어야 한다. 본인의 전문 분야 이외의 분야에서는 전문성보다는 협업 능력이 중요하다. 협업 능력은 경험이 쌓이고 전문성이 높아질수록 발전하는 것이 통상적이다. 협업에 있어서는 타인과 교감하고 일을 조율할수 있는 능력이 요구된다. 간혹 '전부 내가 직접 해야 해' 증후군에 걸린 소프트웨어 개발자들을 보게 된다. 대부분 그런 개발자들은 고참이라 실력이 뛰어난 편이다.

완벽을 지향하는 몇몇 이들은 모든 일을 혼자서 해결하는 경향을 가진다. 완벽을 지향하는 이들이 협업을 하지 못하는 이유는 기본적으로 타인을 신뢰하지 못하기 때문이다. 혼자만 해서 만들어 낼 수 있는 성과는 한계가 있다. 바쁜 만큼의 성과를 만들어 내지 못하고 자기 스스로의 장기적인 발전도 저해하는 결과를 낳는다. 그런 사람들은 본인들이 왜 바쁜지 스스로에게 자문해 봐야 한다. 자신의 바쁨이 얼마만큼의 가치를 만들어 내는지 생각해 봐야 한다. 잘 생각해 보면 분명 자신만이 그 일을 할 수 있는 사람이 아님을 깨닫게 될 것이다. 만약 그 일이 단순 반복적이고 누구든지 할 수 있는 일이라면 자신은 경쟁력 없는 업무에 자기 스스로를 희생하고 있는 것과 다름없다. '내가 해야 해' 증후군은 조직과 팀에 암세포로 작용한다.

"내가 직접 하지 않으면 진짜 일이 되지 않는다니깐요!"

어쩔 수 없는 상황이라고 항변하는 개발자들의 목소리가 들려온다. 개인의 문제가 아닌 경우 이런 상황이 개선되지 않고 지속된다면 조직 차원의 개선이 꼭 필요하다.

현대 경영학의 구루로 일컬어지는 피터 드러커는 그의 저서 <프로페셔널의 조건>에서 지식 노동의 생산성 향상에 대해 언급한 바 있다. 지식 노동의 생산성 향상에 있어서는 가장 먼저 *"해야 할 일은 무엇인가, 우리는 무엇을 수행하려 하는가?"* 그리고 *"왜 그것을 해야 하는가?"*라는 질문을 해야만 한다. 여기서 한 가지 더 질문을 해야 하는 것이 *"누가 그것을 해야 하는가?"*이다. 이때 '누가'는 비단 조직 내의 특정 인원만을 말하지 않는다. 그것은 외부 아웃소싱이 될 수도 있고 제3자가 될 수도 있다. AI가 될 수도 있고 보조 프로그램이 될 수도 있다. 내외부를 막론하고 아이디어를 찾으려는 노력이 필요하다. 경쟁력을 만들기 위해서 반드시 자신이 해야 할 일들과 하지 않아야 할 일을 다시 정의해야 한다.

르네상스 시대의
공방분업
·················

르네상스 시대 미술품을 주문하는 사람들은 계약서에 해당 화가 외에 다른 누구도 붓질을 해서는 안 된다는 조항을 명시하는 경우가 많았다. 이런 조항이 있었다는 것은 유명 화가가 다른 화가에게 하청을 주거나 조수를 고용해서 그림을 그리는 일이 흔하게 있었다는 얘기다. 그림의 품질과 예술성을 확보하기 위한 방편이므로 불합리한 조항은 아니었다. 다만 시대 상황과 맞지 않는 점이 있었다. 이런 규칙으로 인해 그림의 가격은 점점 더 높아졌다. 높아지는 대중의 예술욕을 충족시키기에는 제작되는 그림이 턱없이 부족한 상황이 된다.

1400년대 중반에 이르러 피렌체의 메디치 가문을 비롯한 유수의 권력자들이 자신들 가문의 위상을 높이기 위해 조각과 회화에 대해 대규모의 주문을 하면서 '계약서에 서명한 화가가 직접 그림을 그려야 된다'는 조항에 대한 논란이 불거지게 된다. 결국 주문자와 화가들의 타협이 이루어지고, 유명 화가들은 자신들의 그림을 대량으로 생산할 수 있는 공방 체계를 구축하게 된다. 공방 시스템의 핵심은 중요한 부분은 공방의 대표 화가가 직접 그리고 책임을 지되 조수들이 중요하지 않은 부분을 처리하는 방식이었다. 이후 화가가 직접 그려야 한다는 조항은 유명무실해졌고, 이는 조수들과 함께 그린 작품이라도 유명 화가가 작품의 본질에 대해 책임을 지면 된다는 의미로 완전히 대체되게 된다. 그림에 화가가 서명하면, 그 그림은 그 화가가 그린 것으로 인정을 받았다. 공방 체계는 여러 가지 논란의 소지 역시 있었지만 르네상스 예술의 부흥에 크게 기여했다.

16세기 화가 루벤스는 약 2000여 점의 작품을 그렸고, 그 중 1400여 점이 조수들과 공방에서 함께 만든 작품이었다. 조수들과 함께 만들었지만 그

필립할레 - 회화 공방, 1595

그림에는 오직 루벤스의 서명만이 들어갔다. 루벤스는 많은 작품을 그림으로써 부와 명예를 얻었는데, 거의 모든 그림이 높은 완성도를 지녔기 때문에 가능한 일이었다. 루벤스는 단순한 견습생들은 조수로 고용하지 않았다. 그는 자신과 대등한 수준의 붓질 능력을 가진 전문 화가들만을 고용했다. 신입 개발자 말고 철저히 검증된 전문 개발자들로 팀을 구성한 것이다.

레버리지
전략

················

소프트웨어 개발에서의 분업은 단순히 해야 할 일들을 1/N로 나누는 것이 되어서는 안 된다. 분업은 레버리지를 극대화시키는 방향으로 가야 한다. 레버리지는 원래 경제 용어로 차입 자본을 끌어다가 규모의 투자를 함으로써 자산을 증가시키는 전략을 말한다. 내 것이 아닌 것을 가져다가 내 것을 더 많이 만드는 것이다. 핵심은 내가 일을 하고 있지 않아도 일이 진행되는 것이다. AI는 레버리지를 활용할 수 있는 아주 좋은 도구

아르키메데스와 지렛대

다. AI가 잘하는 데이터 수집과 분석, 통계 등의 일들은 AI를 시켜 놓고 결과가 나올 때까지 잊어버리고 있으면 된다. 개발자는 개발자가 해야 할 일을 하고 AI는 AI가 해야 할 일을 한다. AI의 입장에서는 인간 개발자가 레버리지가 된다. 이렇게 자신이 아닌 다른 레버리지의 총계가 많으면 많을수록 성과는 늘어난다.

고대 그리스의 수학자 아르키메데스는 자신에게 충분히 긴 막대와 받침대만 있으면 지구도 들어 올릴 수 있다고 장담했다. 지렛대의 원리는 병따개, 손톱깎이 등 우리의 일상에서 쉽게 찾아볼 수 있다. 지렛대가 길면 길수록 레버리지는 커진다. 개발자에게 있어 지렛대를 누르는 힘은 본인의 개발 능력을 의미한다. 지렛대의 길이는 개발 외적인 능력을 의미한다. 일의 종류에 따라 지렛대의 길이가 지렛대를 누르는 힘보다 더 중요할 수도 있다.

어느 IT 회사의 사장이 있었다. 개발자를 한 명 뽑았는데 개발자가 기대 이상으로 일을 너무 잘 했다. 사장은 매우 흡족했다. 늦게까지 일하지 않는데도 매번 기대 이상의 성과가 나오니 능력자임이 틀림없다고 생각했고 회사에 꼭 필요한 인재라고 확신했다. 사장은 개발자의 연봉을 더 올려주었고 개발자는 더 많은 일을 하고 더 많은 이익을 회사에 가져다 주었다. 그러던 어느 날 사장은 우연히 새로운 사실을 알게 되었다. 개발자는 인터넷을 통해 인도의 프리랜서 개발자들을 헐값으로 고용해서 자신의 일을 시키고 있었다. 인도 개발자들에게 자신이 받는 급여의 1/3가량을 주고 대부분의 일들을 처리했다. 개발자가 하는 일은 인도 개발자들이 작업한 것을 모아서 정합integration하는 것과 난이도가 있는 일부 개발 작업들이었다. 개발자는 업무 시간의 반도 안 되는 시간만을 할애해서 일을 처리했고, 남는 시간에는 쉬거나 자기계발을 위한 공부를 했다. 사실을 알게 된 사장은 화를 내며 개발자를 해고했다. 본인이 맡은 일을 본인이 하지 않고 업무 시간의 절반을 일하지 않고 있다는 것이 해고의 사유였다. 보안이라든지 법적인 부분은 전혀 문제가 없다고 치자. 여러분이 사장이라면 과연 어떤 결정을 할 것인가?

프로젝트
(Project)

완전히 자유로워질 수 없다면,
웬만큼이라도 자유로워져라.

미국의 사상가 겸 시인, 랠프 월도 에머슨

현대인은 매우 바쁘다. 그리고 더 바빠지고 있다. 우리의 눈은 자는 순간을 빼면 쉴 틈이 없다. 스마트폰을 비롯한 첨단 기기들과 4K 모니터의 청색광blue-light이 인간의 눈을 지배하고 있다. 이제 효율은 기본이자 미덕이 되었다. 요즘 사람들은 가만히 있는 것을 참아내지 못한다. 예전에는 한두 시간 비는 시간이 있으면 심심하긴 해도 아무것도 안 해도 괜찮았지만, 지금은 단지 몇 분 동안 아무것도 하지 않고 가만히 있는 것을 고역으로 여기는 사람들이 적지 않다.

현대인의 시간 감각은 점점 빨라지고 있다. 영화도 1.2배속으로 보고, 전개가 더딘 드라마는 광속으로 시청자들에게 외면받는다. 우리는 과연 바빠진 만큼의 성과를 내고 있는 것일까? 사회의 총생산성이 높아진 것은 부인할 수 없는 사실이지만 실제 인간이 가진 본연의 능력은 퇴화하고 있다. 스마트폰이 스마트해진 것만큼 사람들이 스마트해지지는 못했다. 디지털 기기가 없으면 불편할 뿐이라는 인식은 이제 옛날 생각일 뿐이다. 이제 디지털이라는 말조차 낡은 단어가 되었다. 아날로그는 소장용으로 즐기는 골동품이 된지 이미 오래다. 현대인의 모든 기기는 디지털이다. 현대인은 디지털 기기가 없으면 좀비가 된다. 사무실에서 5분만 인터넷이 끊겨도 난리가 난다. 모든 업무가 마비된다. 인터넷을 차단하고 컴퓨터를 끄고 종이와 연필 한 자루 주고 일하라고 하면 아마 멘붕이 올 것이다.

정보는 넘쳐흐르고 미디어와 도구는 다채로워졌지만, 인간의 집중력은 떨어지고 있다. 외부로부터 입력이 많아졌지만 인간의 인지적인 필터링 시스템은 여전히 구석기 시대와 별반 다르지 않다. 그 결과 뇌에 과부하가 걸리고 스트레스가 많아졌다. 집중을 방해하는 요소가 도처에 넘쳐나는데 집중력이 좋아질 리가 없다. 세상은 계속해서 움직이고 나 또한 움직이지 않으면 도태될 것만 같은 시대다. 여행작가인 피코 아이어는 *"계속 해서 움직이는 세상에서 가만히 앉아있는 것만큼 시급한 일도 없다."*고 말한 바 있는데, 그냥 제자리에 있는 것이, 또는 혼자 느리게 가는 것이 정말 비효율적인 일인지 묻는 자성의 목소리가 커져 가고 있다. AI가 대세인 이 시대는 오히려 우리에게 빠르고 정확한 것만이 목표 달성에 최선인 것인지 반문할 기회를 주고 있다.

결정론적
사고의 퇴장

알고리즘으로 대변되는 과거의 컴퓨터 과학 시대는 결정론적 사고가 지배했다. 수많은 if문을 거쳐서 나온 정답은 하나뿐이었다. 하지만 데이터로 대변되는 AI 시대에서는 통계적 사고가 주류다. 확률에 의거하여 행동이 결정된다. 이메일 시스템이 스팸 메일을 99% 차단한다면 매우 우수한 시스템이다. 하지만 알고리즘으로 볼 때 이것은 1%의 거대한 오류를 가진 부정확한 시스템에 불과하다. 오늘날 이런 통계적 방법론을 비과학적이라고 말하지 않는다. 우리는 과학을 오차를 허용하지 않는 정확함이 본질인 학문으로 생각하지만 실상 과학은 근사치^{approximate value}의 학문이다. 근사치의 개념이 적용되지 않았다면 과학은 오늘날과 같은 발전을 이루어 낼 수 없었다. 모든 과학적 이론과 모델은 본질에 대한 근사치이며 상대적인 개념에 불과하다.

오늘날 우리는 고전 물리학은 원자나 광속의 단위가 적용되지 않는 큰 물질과 작은 속도에만 타당하다는 사실을 알고 있다. 원자 단위의 세계에서 고전 물리학은 양자역학에 의해 대체되어야 하고, 광속의 단위에서는 상대성 이론이 적용되어야 한다. 모든 모형은 현상의 어떤 범위 내에서만 타당한 근사치일 따름인 것이다. 어떤 것을 밑바닥까지 설명하고자 한다면 전부를 알아야 한다. 내가 오늘 밥을 먹는 이유를 근원적인 레벨까지 설명하려면 우주와 신에 대해서도 이야기해야 한다는 의미다. 하지만 그렇게 하는 것은 불가능하다. 그래서 과학은 설명할 수 있는 한도까지만 설명한다. 그리고 우리는 이것을 과학적인 방법이라고 말한다.

언어 또한 마찬가지다. 우리가 일상에서 말하는 것들이 때론 얼마나 큰 오해의 소지를 낳고 또한 얼마나 의도와 다른 결과를 낳는지에 대해서는 두말할 필요가 없을 것이다. 우리는 언어에 수반되는 제반적인 조건들, 즉 어조라든지 표정 그리고 그때그때의 상황에 따라 맥락을 이해한다. 때로는 느낌 또는 직감이라는 것을 통해 오히려 더 정확한 이해를 할 때도 있다. *"난 너를 사랑해."* 는 정확한 표현이 될 수 없다. *"하늘만큼 땅만큼 너를 사랑해."* 라고 자신의 사랑을 수식할 수 있지만 그것이 본인이 가지고 있는 사랑의 수치를 정확하게 전달해 줄 수는 없다. 이때 우리는 비유나 은유적인 표현을 사용하는데 이것이 근사치를 가능한 한 정확하게 맞추려는 시도인 것이다. *"난 너를 엄청 사랑해."* 보다는 *"세상 전부를 준다고 해도 너의 머리카락 한 올과도 바꾸지 않을 거야."* 가 낫다.

객관적으로 보이는 표현이 오히려 모호하며 주관적으로 보이는 표현이 오히려 정확한 개념을 전달할 수도 있다. 이 경우 비유나 은유는 소설이나 시와 같은 문학에서만 사용되는 비과학적인 방법이 아니라 아주 과학적인 방법이 된다. 불확정성의 원리로 알려진 물리학자 하이젠베르크는 *"아무리 명료하게 보이는 말이나 개념도 그 모두가 적용의 범위에 있어서는 꼭 어느 한계가 있는 법이다."*라고 말한 바 있다. 우리는 과학과 언어를 비롯한 우리가 가진 모든 것이 근원적인 한계를 가지고 있음을 인정해야 한다. 아직까지 인간이 만들어 낸 그 어떤 것도 완벽하지 않다. 단지 완벽에 조금 더 가까이 가려는 노력의 일환일 뿐이다.

효율의
또 다른 의미

······················

AI가 현재와 같은 발전을 이루어 낸 배경에는 컴퓨터의 발전이 있었다. 요즘 사람들은 과거 대형 연구소에서나 사용하던 슈퍼컴퓨터보다 수백 배 빠른 컴퓨터를 각자 하나씩 주머니 속에 넣고 다닌다. 손바닥만 한 스마트폰의 성능이 1969년 달 탐사에 사용되었던 NASA의 슈퍼컴퓨터 몇천 대를 합친 것보다 높다. AI를 동작시키는 데 많은 슈퍼컴이 사용되면서 슈퍼컴이 사용하는 막대한 소비 전력이 사회적인 이슈가 되고 있다. 이세돌과의 세기의 바둑대결에서 승리한 알파고는 25만 와트의 전력을 소모하는 것으로 알려져 있다. AI가 더 많은 연산을 하려면 더 많은 전력이 필요하다. 더 성능을 높이기 위해 더 많은 전력을 필요로 한다면, 한정된 자원을 가진 이 지구가 버티기 쉽지 않을 것이다. 조만간 그 한계에 직면하게 될지도 모른다. 기계는 태생상 항상 최선을 다할 수밖에 없다. 소비 전력을 줄이기 위한 다양한 기술적 해법이 등장했지만, 여전히 근본적인 해결책이 되지는 못하고 있다. 적은 연산을 처리할 때는 멀티코어 CPU에서 유휴 CPU를 늘이는 방향으로 전력 소비를 줄이지만, 연산량이 늘어나면 기계는 풀가동될 수밖에 없다.

반면 인간의 뇌는 다르게 동작한다. 슈퍼컴이 메가 와트 단위의 전력을 사용하는데 반해, 우리 머리 안에 들어있는 뇌는 전구 하나 겨우 켤 수 있는 수준의 전력만을 필요로 한다. 연산량이 많아지면 기계와 마찬가지로 머리에 부하가 걸리고 골치가 좀 아프겠지만 기계가 필요로 하는 만큼의 천문학적인 에너지는 소모되지 않는다. 뇌과학자들은 뇌는 소비 전력을 줄이고자 하는 목적으로 만들어진 부정확한 연산의 완벽한 사례라고 말한다. 부정확한 연산은 무엇을 말하는 것인가? 상황에 따라 완벽한 해답이 아니어도 상관없는 경우 뇌가 주어진 정보를 전부 처리하는 대신 느슨하게 동작하는 것이다. 긴급한 상황이거나 중요하다고 판단되는 상황이 아닌 경우 대충대충 넘어가는 것이다.

시각을 포함한 입력체계로 들어오는 데이터들을 모두 처리할 필요는 없다. 선별적으로 처리하든지 전체로 뭉뚱그려 필요한 정보만 파악한다. 이는 시각 처리에서 흔하게 발생하는 일인데, 전체를 뭉뚱그려 하나로 인식한다거나 보고 있는 사물 외에 다른 사물은 인식하지 않는 것이다. 인간의 데이터 처리 방식은 AI나 기계와 다르다. 기계는 항상 최선을 다할 수밖에 없는데, 이는 에너지 효율 면에서 매우 비효율적이다. 그래서 일각에서는 AI에 인간의 뇌처럼 부정확성이라는 개념을 도입하는 것이 AI의 다음 패러다임을 여는 단초가 될 것이라고 말하기도 한다.

막대한 전력을 소모하는 슈퍼컴퓨터 vs 한 알의 전구

여백이 가진 힘:
무용함에서 유용함을 만드는 길

················

　　여백은 상상력이다. 빈 공간에 무엇인가를 꽉 채워 넣으려는 강박 관념은 인간의 상상력을 억압한다. 인문학은 실용 학문이 아니다. 당장 써 먹을 데가 없다는 말이다. 하지만 인문학은 인간을 억압하지 않는다. 공간을 만들고 그 안에 작은 씨앗을 던져 놓는다. 인문학적 상상력이란 텅 빈 공간에 홀씨 하나 덩그러니 놓여 있는 것으로부터 출발한다. 태곳적부터 몇몇 우월한 인류가 완벽을 추구했지만 어느 누구도 완벽에 이르지 못했고 오히려 완벽함을 버려야 더 완벽에 가까워질 수 있다는 진실을 깨닫게 되었다. 인간이 완전하고 완벽한 것을 추구한다고 해서 완벽한 피조물을 만들 수는 없다는 사실은 서양 미술의 역사를 통해서도 찾아볼 수 있다.

고대 이집트인들이 중요하게 생각했던 것은 완전함이었다. 그림을 그릴 때도 이집트인들은 아름다움이라는 가치보다는 완전함이라는 가치를 우선했다. 한 장의 그림 안에는 사전에 정한 엄격한 규칙대로 모든 것이 극명하게 드러나야 했다. 사람을 그리는 경우 얼굴과 팔, 다리와 발이 모두 완전한 상태로 드러나도록 그림을 그렸다. 머리와 얼굴은 옆에서 볼 때 가장 쉽게 볼 수 있기 때문에 옆 모습을 그렸다. 하지만 눈은 정면에서 볼 때 전부 드러나므로 눈은 정면에서 보이는 대로 그렸다. 마찬가지로 몸통은 정면에서, 발은 옆에서 보이는 대로 그렸다.

이집트 인물 회화

그래서 모두 그려진 그림 속의 사람의 형태는 다소 기괴해 보일 수밖에 없었다. 각각을 눈에 보이는 대로 완전한 형태로 그렸지만 전체의 모습은 사람의 눈에 보이는 자연스러운 형태가 아니었다. 이집트의 그림은 예술품이라기보다는 마치 정확한 지도와 같았다. 고대 이집트인들이 생각하는 미적 가치가 현대의 미적 가치와 같다고 볼 수는 없겠지만, 현대적 예술 관점에서 볼 때 고대 이집트의 미술은 상상력이 아닌 규칙의 지배를 받았다고 할 수 있다.

반면 고대 그리스인들의 예술은 이집트와 달랐다. 그리스인들은 모든 것을 다 그려 넣어야 한다는 강박을 버렸다. 어깨 너머로 감추어진 손을 더 이상 그리지 않고 보여지는 일부만 그려도 된다는 것을 알았다. 더 이상 고대의 미술 체계를 지배하던 규칙을 따르지 않아도 된다는 사실을 깨달은 것이다. 원근법이 등장했다. 보이는 대로 그리면서 예술은 자연의 위대함을 모방하기 시작했다. 모든 창조가 자연으로부터 비롯되었듯이, 그리스 시대에 이르러 미술과 예술도 창조의 시대로 들어선 것이다.

완벽함을 버린 대신 상상력과 자연스러움을 얻었다. 완벽과 완전의 추구에서 탈피한 예술은 다양성이 증대되면서 도리어 예술적 완성도를 높이는 결과를 낳게 된다. 중세의 미술가들은 이제 본 것을 넘어서 그들이 '느낀 것'을 과감하게 그림에 표현하기 시작했다. 예술적 창조의 시작은 고대 그리스인들이 그들이 '본 것'을 가감 없이 그려낸 순간에 있었다. 저명한 미술사가인 E. H. 곰브리치는 기원전 500년경 발을 정면에서 본 것을 그리는 시도를 감행한 것이 미술 역사상 엄청나게 중요한 순간이었다고 말한다.

여백을 가진 AI, 여유를 가진 AI는 잘 상상이 되지 않는다. 아직 상상이 가능하지는 않지만 이전까지와는 다른 방식의 효용을 만들어 낼 수 있지 않을까? 이는 인간이 태생적으로 가지고 있는 게으름이나 적당주의와는 다른 얘기다. 우리는 이미 이런 접근 방식에 대해 알고 있다. 동양철학서인 <중용>에서는 넘치지도 모자라지도 않은 상태를 최선이라고 말한다. 평정의 상태에 있는 것이다. 이것이 인간에게 가져다 줄 수 있는 진정한 효용이라는 것이다. <중용>의 지혜는 무용함이 유용함을 만들어낼 수 있다는 것이다. 유용함만 추구해서는 일류가 될 수 없다는 것을 이미 많은 IT 기업이 알고 있다.

개인의 창의성을 증진시키고 아이디어를 모으기 위해 기업들은 다양한 시도를 한다. 실패를 장려하는 실리콘밸리의 IT 기업문화 역시 그 중 한 가지다. 아무도 20%의 자유시간을 보장하고 사내에 낮잠 시설을 완비한 구글을 비효율적인 회사라고 생각하지 않는다. 그러면서도 직원들의 자율성을 보장하고 휴식 및 편의시설을 확충하는 것에 대해 손사래를 치면서 *"우리는 구글이 아니잖아요."* 라는 대답을 하는 회사가 대부분이다. 소프트웨어를 제조업으로 생각하는 마인드를 가지고 소프트웨어 개발자의 창의성을 논한다는 것 자체가 어불성설이다. 노자의 <도덕경> 11장에 나오는 구절을 살펴보자.

> *서른 개 바퀴살이 한 군데로 모여 바퀴통을 만드는데*
> *그 가운데 아무것도 없기 때문에*
> *수레의 쓸모가 생겨납니다.*
>
> *흙을 빚어 그릇을 만드는데*
> *그 가운데 아무것도 없기 때문에*
> *그릇의 쓸모가 생겨납니다.*
>
> *문과 창을 뚫어 방을 만드는데*
> *그 가운데 아무것도 없기 때문에*
> *방의 쓸모가 생겨납니다.*
>
> *그러므로 있음은 이로움을 위한 것이지만*
> *없음은 쓸모가 생겨나게 하는 것입니다.*

모든 게 유용할 수만은 없다는 사실을 인정하자. 지금 당장은 쓸모없어 보이는 것일지라도 훗날 그것이 가치 있는 무언가로 바뀔지는 아무도 모른다. 유용함이라는 개념은 무용함이 없이는 성립될 수 없다. 자연은 우리에게 많은 유용함을 제공하지만 자연 역시 무용한 것들로 가득 차 있다. 무용함으로써 유용함을 만들어 내는 것, 이것이 자연이 만물을 풍요롭게 만드는 비결이다. 애플의 창업자 스티브 잡스는 점과 점을 잇는다는 말을 한 적이 있다. 점과 점이 이어지면 선이 되고 면이 되고 쓸모 있는 무엇이 된다. 하나의 점과 다른 점 사이에 있는 무궁무진한 미지의 공간은 누구에게나 열려 있다.

스티브 잡스, 점과 점을 잇다

IT 역사를 통틀어서 스티브 잡스만큼 인문학과 연관되는 명사는 없다. 비록 잡스가 소프트웨어 개발자나 전형적인 엔지니어는 아니었지만 그를 창조적인 개발자의 전형이자 실리콘밸리를 대표하는 인물로 보는 것에 이의를 제기하는 사람들은 없다.

스티브 잡스의 생애는 파란만장했다. 사생아로 태어난 괴팍한 젊은이는 항상 삶의 의미와 지혜에 목말라했다. 잡스의 첫 직장은 당시 잘 나가던 비디오 게임 업체 아타리였다. 아타리를 다닌 지 1년 정도 되던 시점에 잡스는 해외 출장을 갔다가 복귀하지 않고 그냥 인도로 훌쩍 여행을 떠나버렸다. 깨달음을 찾아 무작정 떠난 여행이었다. 훗날 잡스는 인도에 대해 이렇게 회상했다.

> *"인도 사람들은 이성보다는 직관을 사용합니다. 직관력은 매우 큰 힘을 발휘합니다. 지능이나 이성적인 사고보다도 훨씬 큰 힘입니다."*

직관은 다른 말로 경험적 지혜다. 잡스는 인도 여행을 통해 서구 사회의 이성적 사고가 지닌 한계를 인식하게 된다. 그는 자신의 직관을 깨우고 지혜를 얻기 위해 선과 불교에 심취하게 된다. 이 시기의 인도 여행과 그의 인생을 통해 추구한 깨달음은 애플의 광고 모토이자 그의 철학이기도 했던 문장 "Think Different^{다르게 생각하라}"로 집약된다. 다르게 생각할 수 있는 힘은 기술이 아닌 기술 바깥에 있었다. 잡스는 미래지향적 인간이었다. 그는 오늘이나 과거가 아닌 내일의 가치를 중시했다. 내일의 가치는 고객의 생각으로부터 찾을 수 없다는 것이 잡스의 지론이었다.

자동차 대중화 시대를 열었던 미국의 자동차왕 헨리 포드는 *"내가 만약 고객에게 요구하는 것을 물어보았다면, 고객은 더 빨리 달리는 마차를 달라고 했을 것이다."* 라고 말했는데, 잡스는 포드와 같은 생각을 가지고 있었다. 그는 시장조사를 통해 제품을 기획하고 마케팅 전략을 수립하는 일을 중요하게 생각하지 않았다. 대부분의 사용자는 무엇인가를 직접 보기 전까지 자신이 무엇을 원하고 있는지 알지 못한다. 비틀스의 음악이 대중들이 원해서 만들어진 것이 아니라, 비틀스가 나와서 대중들이 그 음악을 좋아하게 되는 이치와 같다.

다만 잡스는 이런 면이 너무 지나쳤기에 독선적이고 고집불통에 통제가 되지 않는다는 악평에 시달리기도 했다. 결국 그런 독선적인 성격으로 인한 문제가 쌓이고 쌓여 잡스는 그가 세웠던 애플에서 쫓겨나는 수모를 당하게 된다. 아마 이것이 그의 인생에 있어 인도 다음으로 떠나게 된 야생으로의 두 번째 여행이 아니었을까. 이 과정을 통해 잡스는 인격적으로 조금 더 성숙해진다. 그리고 그의 곁에는 항상 선과 명상이 함께 했다.

스티브 잡스의 삶은 신화에 나오는 영웅의 여정과 닮았다. 영웅은 모험을 떠나고 시련을 만나 큰 위기에 부딪히지만 조력자를 만나 위기를 뛰어넘어 큰 성취를 이루고 다시 원래 자리로 회귀한다. 잡스는 애플에서 쫓겨났지만 그가 인수한 픽사의 3D 애니메이션 영화 <토이스토리>가 대박을 터뜨리면서 다시 화려하게 애플로 복귀를 한다. 또한 당시 그가 세웠던 회사 넥스트^{NeXT}에서 개발했던 운영체제를 비롯한 소프트웨어는 훗날 아이팟과 아이폰으로 이어지는 신화적 제품의 베이스 플랫폼이 된다. 잡스는 개발자가 아니었지만 다른 어떤 개발자들보다 IT 업계에 큰 영향을 끼쳤다. 잡스는 흔히 동갑내기 라이벌이었던 마이크로소프트의 창업자 빌 게이츠와 비교되곤 했는데, 그 둘은 성향상 뚜렷한 차이가 있었다. 빌 게이츠는 프로그래밍 언어^{베이직}, 운영체제^{MS-DOS와 윈도우}, 어플리케이션^{MS오피스}이라는 이미 존재하고 있던 분야에서 경쟁자들을 제치고 정상에 오름으로써 시장을 정복했지만, 잡스는 아예 새로운 생태계를 만들어냈다. 애플II, 매킨토시, 아이팟, 아이튠즈, 아이폰으로 이어지는 IT 생태계를 전 세계에 펼쳐 놓은 것이다.

메멘토 모리! 점과 점을 연결하다

잡스가 파란만장한 삶을 살고 대단한 성취를 이룬 것이 그의 영웅적인 삶을 부각시키는 것은 사실이지만, 잡스가 더 영웅적이고 더 사람들에게 감명을 줄 수 있었던 것은 그가 매일 죽음이라는 것을 눈 앞에 두고 살았기 때문이었다. 우리가 주목해야 할 것은 잡스가 거둔 외적인 성취가 아니라 그가 겪었던 내면의 여정이다. 잡스는 항상 죽음이라는 것을 생각하고 있었다. 췌장암 진단을 받은 이후에 그렇게 되었다는 것이 아니다. 젊었을 때부터 잡스에게 있어 선과 불교를 통해 추구한 깨달음은 죽음이라는 종결을 생각하지 않고서는 삶을 살아갈 수 없게 만들었다.

메멘토 모리! 죽음을 기억하라는 말이다. 잡스는 매일 아침 거울 앞에 서서 자신에게 물어보았다고 한다. 오늘이 인생의 마지막 날이라면 무엇을 할 것인가를 말이다.

많은 이들이 잡스가 2005년 스탠퍼드 대학교 졸업식에서 했던 연설을 가장 감명 깊은 장면으로 기억한다. 앞서 빌 게이츠가 하버드 대학교 졸업 연설에서 빈곤 퇴치와 인류애를 얘기했지만 이 날 잡스의 연설만큼 사람들의 마음속에 와 닿지는 않았다. 잡스는 이 연설에서 자신이 걸어온 내면의 여정에 대해 이야기했다. 짧았던 대학 시절 배웠던 서체 수업에서 창안하여 매킨토시에 적용했던 캘리그라피에 대해 언급하면서 잡스는 그가 글자와 글자 사이에 존재하는 공간에 대해 터득했다 I learned about the space between letter combination 고 말했다.

글자와 글자 사이에 무엇이 있을까. 우리는 검은 부분을 보았지만, 잡스가 본 것은 여백이었다. 그것은 무한한 상상의 공간이었다. 이어서 잡스는 점과 점을 잇는다고 말했다. *점과 점이 이어질 수 있는 것은 여백의 공간이 있기 때문이다.* 내면의 여정에서 거쳤던 점과 점들이 훗날 만나서 또 다른 의미와 또 다른 가치를 만들어 냈다. 그의 인생에 있었던 수많은 점과 점들이 이어져서 지금의 자신과 애플 그리고 그가 열정을 다해 만든 분신과도 같은 제품들이 탄생할 수 있었다. 그 점과 점, 그 사이를 잇는 선은 직관과 가슴이 시키는 일을 따른 흔적이었다. 잡스는 스탠퍼드 졸업식 연설에서 이렇게 말했다.

> "우리는 우주에 흔적을 남기기 위해 여기에 있습니다. 무엇보다 중요한 일은 당신의 가슴과 직관을 따르는 것입니다. 가슴과 직관은 이미 당신이 진정 원하는 것을 알고 있습니다."

Stay foolish, 이성이 아닌 직관, 무엇보다 우리의 가슴이 외치는 그 목소리에 귀 기울이는 것, 개발자 이전에 하나의 인간으로서 우리 모두가 귀 기울여야 할 잡스의 마지막 유언이 아닐까 싶다.

어떤 개발자가 살아남는가

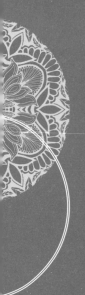

지속적인 개선
- Upgradable Software

Always in Beta

임마누엘 칸트는 우리에게 <순수이성비판>이라는 아주 어려운 철학서로 알려진 독일의 대철학자이다. 칸트가 젊었을 때 칸트를 사모하는 아가씨가 있었다. 그 아가씨가 어느 날 칸트에게 청혼했다. 청혼을 받은 칸트는 즉답을 피하고 아가씨에게 생각할 시간을 달라고 했다. 합리주의와 경험주의를 통합한 철학의 대가답게 칸트는 청혼에 대해 심사숙고하기 시작했다. 이 기회를 통해 칸트는 결혼이라는 것에 대한 철학을 정리하기 시작했고, 과연 사랑은 무엇인가, 또한 어떻게 사랑을 해야 하는가에 대한 이런저런 연구를 하게 된다. 오랜 연구와 기나긴 고민 끝에 칸트는 청혼을 받아들이는 것이 가장 합리적이고 옳은 대응이라는 결론을 내렸다. 결혼을 결심한 칸트는 그 아가씨 집으로 찾아가서 문을 두드렸다. 아가씨의 아버지가 나오자, 칸트는 따님과 결혼할 마음이 섰음을 당당하게 이야기했다. 아가씨의 아버지는 칸트를 한참 동안 물끄러미 바라보다가 입을 열었다.

"너무 늦었네… 내 딸은 이미 결혼해서 한 아이의 어머니가 되었네."

이렇게 칸트처럼 처신하는 사람을 주위에서 보기는 아마 쉽지 않을 듯한데, 이런 칸트이기에 불멸의 철학 체계를 완성할 수 있지 않을까 생각되기도 한다. 신중하게 행동하는 것이 나쁜 것은 아니다. 완벽에 대한 추구는 뛰어난 예술품을 탄생시키기도 한다.

과거의 소프트웨어 개발 방법론은 폭포수Waterfall 방법론이 주류였다. 처음부터 한 치의 오차도 없이 설계를 하고, 하나의 버그도 용납하지 않겠다는 완벽주의가 소프트웨어 업계를 지배했다. 소프트웨어는 점점 더 복잡해지고 거대해져 갔다. 이제 완벽한 소프트웨어는 존재할 수 없다는 인식이 지배론적인 사상이 되었다. 시장을 선점하고 빠르게 대응하는 것이 훨씬 더 중요한 가치가 되었다. 이런 시대의 흐름을 잘 탄 것이 빌 게이츠의 마이크로소프트다. 윈도우를 비롯한 마이크로소프트의 제품들은 시장을 선점함으로써 지배적인 위치를 가질 수 있었다.

빌 게이츠는 현실주의자다. 타이밍을 중시한 빌 게이츠는 비즈니스 기회를 결코 놓치지 않았다. 과감하게 첫발을 내딛는다. 그게 설령 충분치 않아도 괜찮다. 버그를 보완해서 그 다음 발을 내딛으면 된다. 이것이 빌 게이츠의 방식이었다. 지금 타이핑을 하고 있는 내 컴퓨터의 윈도우10 운영체제는 하루가 멀다 하고 업데이트를 한다. 이제는 윈도우가 업데이트를 해야 한다고 알림을 띄우면 그러려니 한다. 익숙해진 것이다. 이제 소프트웨어를 빠르게 출시한 다음 지속적인 업그레이드를 통해 완성도를 높이는 것은 업계 표준으로 굳어졌다. 계속되는 개선이 지연되는 완벽함보다 낫다. 완벽하지만 사용할 수 없는 윈도우보다 어느 정도 버그는 있어도 당장 쓸 수 있는 윈도우가 나은 것이다. 이제 소프트웨어 버전 1.0은 완성을 의미하지 않는다. 버전 1.0은 그냥 시작일 뿐이다. 그 다음 버전 1.1, 1.2 그리고 버전 2.0이 나오게 될 것을 우리는 알고 있다.

이와 달리 버전 1.0에 완벽을 기하는 부류도 존재한다. 대표적인 예가 스티브 잡스다. 잡스는 이상주의자이며 또한 완벽주의자였다. 애플과 잡스는 자기들에게 가장 맞는 방식을 택한 것뿐이다. 결과적으로 성공했지만, 수십 년 전 일본의 가전업체를 제외하면 이제 잡스 이외에 그런 방식으로 성공한 이력은 찾기 힘들다. 1970년대 발표된 유닉스 철학에는 이미 빠른 소프트웨어 개발 주기의 필요성이 강조되었다.

> *"소프트웨어를(심지어 운영체제라도) 일찍, 이상적으로 수주 이내에 사용해 볼 수 있게 설계하고 구현하라. 어설픈 부분을 버리고 다시 구현하는 것을 망설이지 마라!"*

베타 소프트웨어
그리고 애자일 매니페스토

....

베타 소프트웨어는 정식 출시 전에 사용자들로부터 검증을 받기 위해 배포하는 소프트웨어를 말한다. Always in Beta는 계속 베타 소프트웨어라는 미완성 소프트웨어 상태로 있는 것을 말하지 않는다. 우리말로 의역하면 "항상 미완성 상태"라기보다는 "끊임없이 전진하라"가 더 맞는 표현일 것이다. 이는 계속되는 개선을 말한다. 폭포수 개발이 주를 이루던 과거에는 말이 베타 소프트웨어지 최종 소프트웨어와 거의 차이가 없는 완성도를 가진 소프트웨어를 배포하는 것이 일반적인 관행이었다. 그 당시 베타 소프트웨어는 최종 사용자 테스트를 통해 발견된 자잘한 버그들을 수정하기 위한 관례적인 절차상의 소프트웨어 네이밍에 지나지 않았다.

시대는 바뀌고 바뀌어 이제 베타 소프트웨어는 빨리 시장의 반응을 보고 그에 맞춰 적절히 대응하기 위한 초도 발사 로켓이 되었다. 소프트웨어의 완성도보다는 비즈니스 기회를 놓치지 않는 것이 더 중요해졌다. 비즈니스가 없으면 소프트웨어도 없다. 타이밍을 중시하는 것은 스타트업뿐만 아니라 시장의 변화에 재빠르게 대응해야 하는 많은 IT 기업에게도 중요해지고 있다. 빠른 출시와 지속적인 업데이트는 시장 선점뿐만 아니라 아니다 싶으면 재빨리 경로를 수정할 수 있는 유연함을 제공한다. 부가적으로 시장과 고객의 지속적인 피드백을 통해 완성도를 더 빠르게 높일 수 있다. 처음부터 완벽할 수 없음을 인정하면 많은 것들이 쉬워지고 빨라진다. 인간이 하는 일이 완벽할 수는 없다. 완벽함을 지향하되 완벽함이라는 것은 없다는 사실을 잊지 않는 게 좋다.

이제 **소프트웨어 개발이 추구해야 할 것은 완벽이 아닌 완료다.** 그리고 이 완료는 최종 완료가 아닌 1차, 2차, 3차와 같이 거듭되는 완료를 의미한다. 이제 완료를 지향하면 완벽이 더해지는 시대가 왔다. 이것이 소프트웨어 개발의 방법론 중 하나인 애자일 정신이다. 요즘 소프트웨어 업계에 있는 사람 중 애자일이라는 단어를 들어보지 않은 사람은 거의 없을 것이다. 애자일이란 단어의 뜻은 '날렵한', '민첩한'이다. 애자일은 2000년대 초반부터 대두된 개발 방법론으로 기존 폭포수 개발 방법론과 달리 개발 주기를 짧게 하고 환경에 따라 유연하게 대처하는 개발 방식을 말한다. 이미 만들어 놓았던 소프트웨어를 똑같이 다시 만드는 경우는 없다. 시장에 출시되는 소프트웨어는 기존에 없던 것이다. 계획은 필요하지만 처음 시도하는 일에 완벽한 계획을 세울 수는 없다. 경험이 없으면 없을수록 계획은 잘못될 가능성이 커진다. 따라서 **경험이 없으면 없을수록 더욱 애자일해져야 한다.** 많은 스타트업이 애자일해져야만 하는 이유다.

애자일 정신은 애자일 소프트웨어 개발 선언^{애자일 매니페스토}이라는 문구에 담긴 네 가지 가치에 있다.

첫째, 절차와 도구보다 개성과 화합을
둘째, 포괄적인 문서보다 작동하는 소프트웨어를
셋째, 계약 협상보다 고객과의 협력을
넷째, 계획을 따르기보다 변화에 대응하기를

사실 애자일에서 주창하고 있는 가치들은 이상적이다. 왼쪽에 열거된 가치보다 오른쪽에 열거된 가치들을 중시한다고 하고 있지만, 사실 일하다 보면 왼쪽의 가치들로 몰려가는 게 현실이다. '절차와 도구보다 개성과 화합'을 중요시한다고 선언하지만, 애자일을 적용한 대부분의 회사들이 '절차와 도구'에만 신경 쓰다가 어영부영 예전 개발 방식으로 돌아가곤 한다. 허나 이상적인 가치들은 우리가 계속 지향해야 하는 선善, Agathon이라는 것에 누구도 이의를 제기할 수는 없을 것이다. 애자일의 핵심은 마지막 가치인 '변화에 대응'하는 것에 있다. 변화에 대응하려면 유연해야 한다. 하여 중요해진 것은 소프트웨어의 변경 용이성이다.

유연한 소프트웨어를
만드는 법

소프트웨어 변경이 용이하기 위해서는 무엇보다도 소프트웨어 설계가 유연해야 한다. 그렇다고 미래의 확장성을 고려하여 지나치게 일반화하는 것은 좋지 않다. 마틴 파울러는 <리팩토링>에서 미래에 있을지 없을지 모르는 상황까지 고려한 추측성 일반화는 좋지 않다고 말한다. 지나친 일반화는 오히려 시스템을 복잡하게 만들고 변경이 더 어려운 구조를 낳을 수 있다. 처음부터 쓰일지도 안 쓰일지도 모르는 기능을 고려해서 복잡함을 키우기보다는 최소한의 설계를 하되 변경에 유연하게 만드는 편이 낮다. 래셔널 소프트웨어의 수석 개발자였던 그래디 부치는 시스템의 설계는 중요한 설계 결정을 가지고 있는데, 그 설계 결정의 중요도는 변경에 드는 비용으로 측정된다고 말한 바 있다. 깜빡하지 말자. 설계 결정의 중요도가 개발에 드는 비용에 따른 것이 아니라 **변경에 드는 비용**이라는 것을 말이다.

애자일 개발의 핵심은 빠른 변경이 가능하도록 소프트웨어를 설계해서 구현하고 유지하는 것이고, 그 비결은 세부적인 선택사항을 최대한 유보하는 것이다. 세부적인 설계 사항은 실제 소프트웨어의 요구사양에 종속되지 않는 것들이다. 예를 들어 클라이언트-서버 구조에서 통신을 해야 하는 소프트웨어의 경우 어떤 통신 프로토콜을 쓸 것인지는 세부적인 설계에 해당한다. 특정한 통신 프로토콜을 쓰는 것으로 설계를 확정해 버리게 되면 그 세부 설계에 전체 시스템이 종속되는 결과를 낳는다. 통신 프로토콜은 나중에 결정하면 된다. 통신 프로토콜을 나중에 결정하더라도 개발에 전혀 문제가 없는 설계가 바람직한 소프트웨어 설계다. 현실적으로 어려운 경우 가능한 여러 대안을 선택할 수 있도록 가능성을 열어둘 수 있는 차선의 소프트웨어 설계를 지향해야 한다.

각 소프트웨어 모듈의 결합도를 가능한 낮추는 디커플링 방식이 애자일한 소프트웨어 설계 방식이다. 소프트웨어 모듈과 모듈이 서로 분리되어 있고, 가능한 명확한 경계를 가지고 있는 것이 좋다. 그 경계가 침범당하기 시작하면 모듈과 모듈 간의 종속성이 커지면서 유연하지 못한 구조가 된다. 다만 설계나 개발의 막바지까지 완벽하게 애자일할 수는 없다. 핵심 정책이 결정되면 일부의 모듈은 어느 정도의 결합도를 가질 수밖에 없다. 말이 좋아 소프트한 소프트웨어이지, 소프트웨어는 어느 정도 하드해질 수밖에 없다. 이것은 초기 설계에서 후반부 개발로 가면서 더욱 그렇다. 그럼에도 불구하고 모든 설계는 반복 설계가 가능한 구조를 지향해야 한다. 그런 설계를 할 수 있는 비결은 개발자와 아키텍트의 능력에 달려 있다. 좋은 설계는 상당 부분을 개발자의 경험에 의존한다. 나쁜 시스템을 설계하거나 사용해 보고 고생했던 경험이 좋은 시스템에 대한 통찰을 만들어 낸다. 물이 자신의 힘으로 수로를 만들어 내듯이 축적한 개발 경험을 온전히 자신의 것으로 만들었다면 전체를 볼 수 있는 힘을 기를 수 있다. 이미 한번 만들어진 물길은 더 많은 물을 품을 수 있다. 물길은 과거에 자신이 만든 그 길을 따라 흐른다.

실패를
이어나가기
....

어떤 성공한 사업가가 기자회견을 했다. 어떻게 해서 성공을 하게 되었는지를 묻는 기자에게 사업가가 대답했다.

"성공의 비결은 올바른 선택을 한 것에 있습니다."

기자가 재차 물었다.

"올바른 선택의 비결은 무엇인가요?"

사업가가 대답했다.

"좋은 경험을 가지고 있었기에 올바른 선택을 할 수 있었습니다."

대답을 받아 적던 기자는 다시 물었다.

"어떻게 하면 좋은 경험을 많이 할 수 있을까요?"

사업가는 잠시 숨을 고른 다음 좌중을 둘러보며 천천히 말문을 열었다.

"좋은 경험의 비결은 바로 잘못된 선택들에 있습니다."

장애물을 극복하게 만드는 힘은 과거에 뛰어넘었던 또 다른 장애물에 있다. 에미상을 수상한 미국의 코미디언 루이스 C.K. 역시 좋은 공연을 하는 유일한 길은 나쁜 공연을 많이 해 보는 것이라고 말한다. 힘들게 보낸 시간만큼 나아지는 것이다. 포기하지만 않는다면 말이다. Always in Beta 정신이나 애자일 정신 모두 경험의 순환과 축적의 과정을 이어갈 수 있는 힘에 기반하고 있다. 그 과정 속에는 당연히 실패도 존재한다. 실패에 대응하는 유연함이 핵심이다. 변경 용이한 소프트웨어가 좋은 소프트웨어이고 그런 소프트웨어가 Always in Beta를 가능하게 한다. 실패를 두려워하지 말고 실패하면 다시 도전하면 된다. 산불은 나무를 몽땅 태워버리지만 잿더미가 된 토양에서 더욱 무성한 산림이 우거지기 마련이다. 산이 꺼지지 않는 한 숲은 더욱 울창해진다. 이 대목에서 꼭 기억해야 할 신화는 태양에 너무 가까이 갔다가 떨어져 죽은 이카루스Icarus에 대한 것이다.

이카루스는 그리스 신화에 나오는 인물로 다이달로스의 아들이다. 크레타섬의 다이달로스는 대장장이의 신 헤파이스토스(불카누스)만큼이나 뛰어난 발명가로 괴물 미노타우로스를 가둔 미로를 만든 인물이다. 크레타의 미노스왕의 분노를 사게 되어 미궁에 감금되었던 다이달로스와 그의 아들 이카루스는 크레타를 탈출하기로 결심하고 새의 날개에서 깃털을 모아 모아 실로 엮고 밀랍을 발라서 하늘을 날 수 있는 날개를 만든다. 날개를 단 다이달로스와 이카루스는 드디어 크레타를 탈출하게 된다. 다이달로스는 이카루스에게 너무 높이 날면 태양에 의해 밀랍이 녹으니 너무 높이 날지 말라고 충고를 하지만 하늘을 나는 것에 심취한 이카루스는 태양 가까이 높이 날아오른다. 이카루스의 날개를 고정하던 밀랍이 태양열에 의해 녹았고, 이카루스는 결국 날개를 잃고 바다에 떨어져 죽고 만다.

이카루스 패러독스Icarus Paradox는 과거 성공했던 상황에 안주하고 있다가 결국 혁신하지 못하고 실패하는 상황, 즉 1등의 저주와 같다. 태양 가까이 날면 날개가 녹을 수 있다는 것을 망각한 이카루스처럼 실패를 염두에 두지 않으면 완전히 실패할 수도 있다. 이것은 자만해서는 안 된다는 교훈으로 받아들여진다.

또 다른 중요한 교훈이 있다. 그것은 한번의 실패로 모든 것이 무너지게 만들지 말라는 것이다. 날개가 녹아서 떨어지면 죽을 수도 있다는 사실을 안다면 날개를 하나만 만들어서는 안 된다. 유연하지 못한 소프트웨어는 한 번의 실패로 깡그리 무너질 수 있다. 단 한 번의 주기로 소프트웨어를 완성하겠다는 야욕을 버리자. 소프트웨어를 개발할 때는 처음부터 불가능에 도전하는 일 따위는 하지 말자. 아예 재기가 불가능한 상황에 직면할 수도 있다.

현실 가능하고 또한 가능한 한 작은 소프트웨어를 만들자. 그리고 그 가능성을 이어 나가자. 실패할 수 있다. 그 실패로부터 배움을 얻는 일에만 실패하지 않으면 된다. 충분히 배우지 못하면 같은 실패가 반복될 것이다. 업그레이드를 통한 개선의 가치를 믿고 나아가자. 그러다 보면 시작할 때 엄두도 내지 못했던 불가능한 소프트웨어도 만들 수 있을 것이다.

Step by Step

한 번에
한 걸음씩

1992년 2월 17일 세계적인 인기를 얻고 있던 보이 그룹 뉴키즈온 더블록이 내한 공연을 가졌다. 한국 내에서도 뉴키즈온더블록의 인기는 하늘을 찌르고 있었다. 당시 발표했던 4집 수록곡 <Step By Step>의 인기는 압도적이었다. 전국에서 몰려든 수많은 소녀팬들이 공연장을 찾았다. 소녀팬들은 화답이라도 하듯 메인 무대 앞쪽으로 몰려나갔다. 사람들이 앞으로 계속 몰리면서 결국 큰일이 벌어지고야 말았다. 수십 명의 사람들이 다치고 한 소녀가 사망하는 안타까운 사고가 발생했다. 뉴키즈온더블록은 '한 번에 한 걸음씩만Step By Step'이라고 말했을 뿐이겠지만, 열광한 소녀들에게 그 소리는 앞으로 당장 뛰어오라는 환청으로 들렸을 것이다. 정말 조심해서 한 걸음 한 걸음씩만 갔다면 그런 사고는 없었을 텐데, 인간의 감정과 행동은 이성과는 별개일 수밖에 없다. 이성은 매일 아니라고 하지만 우리는 매일같이 충동적이다. 노란 불을 보면 멈춰야 하지만 발은 이미 액셀을 밟고 있고, 오늘밤은 그만 먹어야 한다고 다짐했건만 손가락은 이미 배달 앱을 누르고 있다.

반대로 정작 해야 할 일들 앞에서 우리의 충동과 광분은 깨끗하게 소멸한다. 소파에 딱 달라붙어 손가락과 눈동자의 현란한 움직임을 빼면 우리의 육체는 미동조차 없다. 뇌는 당장 일어나서 운동을 나가라고, 전공책을 펴 놓고 책상에 앉으라고 명령하지만 미약한 성냥불은 축축한 심지에 붙자마자 꺼지기 십상이다. '하고 있지 않음' 상태가 계속되면 무엇이든 더 하기 힘들어진다. 꼭 해야만 하는 일들의 대부분은 짧은 시간 안에 끝낼 수 있는 일이 아닌 경우가 많다. 막막하다. 지금 한다고 다 할 수 있는 것도 아니니, 내일 하나 오늘 하나 무슨 차이가 있겠는가 하는 감정의 논리에 설득 당한다. 막막함을 극복하고 일을 시작할 수 있는 가장 좋은 방법이 있다. 막막하면 그냥 '막' 해 보는 거다. 그냥 막! 일단 한 걸음 내디뎌 보는 거다. 단 뛰지 말고.

걷기, 읽기, 쓰기

소프트웨어 개발 프로젝트는 대부분 장기 프로젝트다. 통상적으로 단계별 계층 구조를 가지고 있고, 선행해서 구현되어야 하는 부분들이 있다. 그렇기에 설계가 중요하다. 제대로 설계되지 않은 상태에서 다짜고짜 코딩부터 해 버리면 나중에 갈아엎고 다시 처음부터 개발해야 하는 상황이 발생할 수 있다. 이전에는 이런 상황 자체를 문제라고 생각하는 경향이 많았다. 설계가 완벽하지 않은 상태에서 개발을 시작하는 것은 비효율적이고 무데뽀고 주먹구구라고 폄하되었다.

하지만 이제 시대가 바뀌었다. 개발의 선각자들은 마냥 기다리는 것보다 그냥 한번 해보는 것이 결코 비효율적인 방법이 아니라는 것을 깨달았다. 설계가 완벽할 때까지 기다리는 것이 아니라 구현을 하고 다시 이를 설계에 반영하는 반복적인 개발 방법이 대세가 되었다. 해보고 아니다 싶으면 다르게 하면 된다. 이것이 린^{lean} 개발 방식*이다. 대표적인 것이 애자일이다. 머릿속으로만 골몰할 것이 아니라 실제 해보고 똥인지 된장인지 확인하는 개발 방법이다. 계획과 실행, 설계와 구현이 피드백 회로에 따라 동시에 일어난다. 생각^{설계}과 행동^{구현}이 동시에 이루어진다. 이것은 단순한 '일단 작성하고 문제 있으면 고치기^{code & fix development}' 방식과는 다르다. 짧은 주기와 반복 그리고 무엇보다 피드백 회로가 있는지 여부에 큰 차이가 있다.

린 개발 방식은 한 가지 강력함을 가지고 있다. 이미 시작했음이 주는 자가 회전 효과다. 한번 돌기 시작한 굴렁쇠는 잘 멈추지 않고, 조금만 힘을 더해도 가속하기 쉽다. 동화작가 실버스타인은 영어 단어 네 개를 가지고 간단한 스토리를 하나 만들었다.

> 우다(Woulda)와 쿠다(Coulda), 슈다(Shoulda)가 다 모였다. 셋은 햇빛이 비치는 양지에 누워 자기들이 할 예정이었고, 할 수도 있었고, 해야만 했던 일들에 대해 이야기를 나누다가 갑자기 모두 달아나 숨기 시작했다. 꼬마 디다(Dida)가 나타났기 때문이었다.

모든 성취의 전제조건은 *"이미 시작했음."*이다. 나는 애자일한 개발 방법론이 주는 가장 큰 매력이 바로 이것에 있다고 생각한다. 먼 곳에서 바라보는 것과 실제 가까이 와서 보는 것은 많이 다르다. 실제로 개발 업무 과정

---

* 도요타(Toyota)의 린 생산 프로세스를 소프트웨어 개발에 적용한 것에서 유래한 개발 방법론

중 삽으로 구멍을 파다가 어떤 곳을 파야 하는지 깨달음이 오는 경우가 많다. 멀리서 어디에 구멍을 팔지 고민하기보다는 잘못될 수 있지만 가까이 와서 그냥 한번 파 보는 것이 낫다. 멀리서 보고만 있으면 주저하게 되고 더욱 실행하기 어려워질 수 있다. 독일의 심리학자 프랭크 비버는 '심리적 거리'라는 용어로 이를 설명한다. 사람들은 계획한 일이나 대상에 대해 구체적으로 접근하고 실제 하게 되면 더 이상 그 대상을 멀게 느끼지 않는다. 이 심리적 거리가 가까워질수록 사람들은 더 적극적으로 행동하고 쉽게 실행에 옮긴다.

쉽게 실행에 옮기려면 대상의 규모가 작아야 한다. 거창한 일은 시작하기도 어렵고 이루기는 더 어렵다. 그래서 소프트웨어 모듈은 가능한 한 작은 단위로 나눠서 반복 설계와 구현을 통해 완성도를 높여 가야 한다. 이 과정에서 개발자는 자신감을 키울 수 있다. 자기 효능감self-efficiency이 늘어나면서 추진력이 증가된다. 핵심은 작은 성공을 반복해야 한다는 것이다. 이는 경험이 적은 개발자에게 더욱 필요하다. 경험이 적은 개발자들은 아직 성취한 것이 별로 없어서 근거 없는 자신감은 있을지 모를지언정 자기 효능감은 가지고 있지 않다. 그래서 신입 개발자들에게는 자기 효능감을 높여줄 수 있는 일련의 작고 쉬운 코드 구현을 맡기는 것이 좋다. 어떤 분들은 어려운 것을 맡겨서 스스로 고생 좀 해봐야 실력이 는다고 이야기하는데 어떤 측면에서는 공감하고 필요한 경우도 있지만 대체로 동의하지 않는다. 그분들이 언급하는 고생의 90%는 단지 막막함으로 인해 발생하는 심리적 고통이기 때문이다.

어디선가 읽었던 좋은 행동철학이 있어 소개하고자 한다. 뭔가 해야만 하는 것이 있는데 막막하다고 느껴질 때 취할 수 있는 3단계 행동철학이다.

1) 걸어라.
10분만 걸으면 인간의 두뇌는 활기차게 움직인다.

2) 읽어라.
텔레비전을 보고 있을 때 인간의 두뇌는 잠들어 있거나 실눈을 뜨고 있는 상태다.
글을 읽으면 뇌는 기지개를 켜고 당신과 함께 움직여 준다.

3) 써라.
당신의 두뇌는 당신의 손보다 앞서간다.
펜을 들고 글을 쓰면 두뇌는 가장 활기차게 작동한다.

여기에 소프트웨어 개발자를 위해 다음과 같은 한 가지를 더 추가하고 싶다.

4) 지금 바로 에디터를 열고 코드를 작성해라.
우물쭈물하지 말고 프로토타입을 한번 만들어 봐라.
단, 그것을 상용 코드로 발전시키겠다는 집착은 버려라.

자신을
의심할 수 있는
능력

철학자 데카르트는 모든 것을 의심했다. 데카르트는 우리가 느끼는 모든 것이 허상일 수 있다고 생각했다. 오감으로 느껴지는 물질세계는 단지 뇌의 화학적 작용이 빚어내는 신기루에 불과할 수 있다는 것이다. 지각의 매체가 되는 인간의 신체라는 것조차 없을 수 있다고 데카르트는 생각했다. 어쩌면 병 안에 들어 있는 1.7kg의 뇌가 모든 감각을 느끼고 세상과 상호작용을 하면서 마치 스스로가 몸을 가지고 존재하는 것으로 착각하고 있는 것은 아닐까? 하지만 자기 자신이 존재하는지 아닌지 의심하고 있다면 그 의심하는 주체는 반드시 존재해야만 한다. 이것은 데카르트에게 *"나는 생각한다. 고로 나는 존재한다."* 라는 논박 불가의 명제를 이끌어 냈다. 누구나 한 번쯤 들어 본 이 유명한 문장은 근대 합리주의 철학의 효시가 되었다.

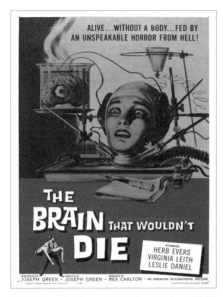

영화 <The Brain That Wouldn't Die> 포스터, 1962년작

의심할 수 있는 인간의 능력이 철학을 만들어 냈고, 문명을 이룩해 냈다. 반면 AI는 스스로를 의심하지 못한다. AI에게는 주어진 조건과 규칙 자체를 비판적으로 바라볼 수 있는 능력이 없다. 이 점이 AI가 가지고 있는 가장 큰 한계다. 만약 AI가 이런 능력을 가지게 된다면 레이 커즈와일이 주장하는 특이점이 도래할 가능성은 기하급수적으로 커지게 될 것이다. 스스로의 존재에 질문을 던지고 자신이 AI임을 깨닫는 바로 그 순간 신과 인간에 이어 이 우주에는 세 번째 창조자가 탄생할 것이다.

현재까지 AI의 문제 해결 방법은 법칙 기반과 학습 기반으로 나뉘어 전개되어 왔다. 법칙 기반은 주어진 조건에 절대 복종하는 것이다. 예외 역시 규칙으로 다루어져야 한다. 이것은 정해진 경로로만 문제 해결 과정이 전개되는 반복 작업에 적합하다. 법칙 기반의 문제 해결은 이제껏 만나 보지 못한 새로운 예외라는 작은 돌멩이를 만나는 순간 무용지물이 된다. 새로운 것을 만들기 위해서는 새로운 규칙이 필요하다. AI를 위해 아무리 많은 규칙을 만들어도 인간의 단순한 사고와 지각을 흉내 내는 것조차 쉽지 않다. 이것이 과거 AI가 발전하지 못하고 정체되었던 근본적인 이유다. 반면 학습 기반의 문제 해결 방법은 인간의 그것과 매우 유사하다. 법칙 기반은 알고 있는 것만 반복 가능하지만, 학습 기반은 모르는 것을 앎으로써 범위를 확장시킨다. 무엇을 모르고 있는지 아는 순간 자가발전의 대전환이 이루어진다.

메타 인지Metacognition는 자신이 무엇을 알고, 무엇을 모르고 있는지를 파악하는 것을 말한다. 알고 있다고 자만하는 순간 배움은 멀어진다. 어느 누구나 약간씩은 자신의 지식에 대한 편견을 가지고 있다. 지식에 대한 가장 큰 편견은 모르고 있는 것을 알고 있다고 믿는 것이다. 잘못 알고 있는 지식 역시 마찬가지다. 이것은 아예 모르고 있는 것과 다르지 않다. 때로는 잘못 알고 있는 것이 아예 모르는 것보다 더 심각한 상황을 초래하기도 한다. 지식적 편견은 순간적으로 형성되는 것이 아니라 긴 학습과 훈련의 과정에서 형성된다. 그릇된 지식의 축적이 반복되면 왜곡된 사고 체계는 그대로 굳어진다. 어릴 때부터 투철한 반공 교육을 받은 부모 세대들이 편향된 이데올로기를 가지고 있는 것이 하나의 예라 할 수 있다.

오만과 편견

．．．．．．．．．．．．．．．．．

인간만이 편견을 가질 수 있는 것은 아니다. AI 역시 인간과 마찬가지로 편견을 가질 수 있다. 마이크로소프트의 챗봇 테이Tay가 대중에 공개되자 사람들은 학습 능력을 갖춘 테이에게 많은 것을 가르치기 시작했다. 테이에게 입력한 데이터의 대부분은 여성 혐오와 인종 차별을 조장하는 것들이었다. 그 결과 불과 몇 시간만에 테이는 인종 차별과 극단적 여성 혐오를 드러내기 시작했다. 사태가 심각해지자 마이크로소프트는 테이를 공개한 지 16시간만에 비공개로 전환하고 대중들에게 사과문을 발표하게 된다. AI가 발전함에 따라 이런 사례는 더욱 비일비재해질 것이다.

2016년 미국의 한 언론사가 미국 여러 주 법원에서 사용하고 있는 AI 콤파스^COMPAS가 흑인을 차별한다는 사실을 밝혀냈다. 콤파스는 여러 가지 과거의 데이터를 분석해서 재범 가능성을 계산해 낸다. 콤파스는 동일한 데이터 조건에서도 흑인이 재범할 가능성이 백인보다 2배 더 높다고 판단했다. 콤파스의 계산 결과를 참조한 판사들은 이를 여과 없이 수용했다. 그 결과 무고한 흑인들이 수감되는 확률이 높아졌다. 여기서 한 가지 주목해야 할 사실은 인종이라는 변수는 콤파스의 알고리즘에는 애초부터 전혀 없다는 사실이다. 그럼에도 불구하고 콤파스는 흑인을 차별하는 편견에 고착^Bias되었다.

다시 말해 애초부터 어떤 편견이나 잘못된 지식을 향해 있지 않더라도 스스로를 끊임없이 보정하지 않는 이상 우리는 잘못된 길로 들어설 수 있다. 보정되지 않은 자신감, 즉 오만^Pride은 잘못된 지식의 쌍둥이 형제와 같다. 영어 pride는 희한한 단어다. 자신감과 자부심, 자랑스러움이라는 긍정적인 뜻과 함께 오만함과 거만함이라는 부정적인 의미를 함께 가지고 있다. 자신감과 오만 이 두 가지는 종이 한 장 두께의 차이도 나지 않는 상태로 서로를 바라보고 있다.

<오만과 편견>의 작가 제인 오스틴이 말한 대로 편견은 내가 다른 사람을 사랑하지 못하게 하고, 오만은 다른 사람이 나를 사랑할 수 없게 만든다. 잘못된 학습과 태도가 편견을 만들고, 편견이 오만을 낳는다. 필요한 것들을 다 알고 있다는 편견만큼 위험한 것은 없다. 많은 사람이 특정 분야의 전문가가 되면 고지식해지고 오만해진다. 모르고 있는 것들조차 자신이 알고 있는 것들의 잣대에 맞춰 재단하려고 하는 성향이 강해진다.

중국의 대문호 루쉰은 박식한 사람의 말에 깊이가 없고 전문가의 말은 모순된 것이 많다고 말한 바 있다. 이는 언뜻 듣기에 잘못된 것처럼 들린다.

우리는 박식한 사람들은 깊이가 있고 전문가들은 항상 옳은 말만 한다고 생각한다. 루쉰은 꼭 그렇지 않다고 말한다. 루쉰은 특히 전문가의 모순은 전문가가 자신의 분야 외의 일을 논할 때 드러난다고 설명한다.

TV의 많은 시사 예능 프로그램에 나오는 전문가들은 특정한 한 분야의 일가를 이룬 사람들이다. 그 전문가들이 TV 예능이면 예능, SNS면 SNS, 여기저기 얼굴을 비추며 자신의 분야가 아닌 여러 분야에 대해 주장을 펼치는 장면들을 종종 보게 된다. 생물학자가 사회문화 그리고 정치와 경제를 논한다. 자신의 얘기가 절대적인 진리인 것마냥 호전적인 주장과 타인에 대한 비방을 불사하는 전문가들이 적지 않다. 크로스오버는 바람직하다. 다만 이런 전문가들의 날선 의견과 주장들이 메타 인지의 부재나 에고의 과도함으로 인한 오만과 편견으로부터 비롯된 것은 아닌지 생각해 볼 필요가 있다. 영국의 철학자 버트런드 러셀은 인칭의 변화에 따라 달라지는 사실을 다음과 같은 세 문장으로 표현한 바 있다.

> *나의 의지는 굳다.*
> *너는 고집이 세다.*
> *그는 어리석을 정도로 완고하다.*

인지과학계의 거장 게리 클라인은 진정한 전문가는 자기 지식의 한계를 확실히 알고 있는 사람이라고 정의한 바 있다. 알고 있다고 자만하지 말고 정말 알고 있는지 다시 한번 생각해 보는 태도가 소프트웨어 개발만이 아닌 모든 삶의 과정에서 필요하다. *"나 그거 잘 알아."* 라고 말하는 순간 새로운 세계는 닫히며 이미 만들어진 논리만이 활성화된다. 일반적인 사람들에게는 유능하게 보이고자 하는 선천적인 욕구가 존재한다. 어리석어 보일까 봐서 무지를 드러내지 않는다.

무지를 드러내지 않는 첫 번째 방법은 아무것도 하지 않는 것이다. 두 번째 방법은 몰라도 아는 척하는 것이다. 만약 자신이 어떤 한 분야의 전문가라면 자신이 잘 아는 전문 분야의 용어들로 본질을 호도하는 전략을 쓰기도 한다. 알고 있는 것들로 무지를 포장한다. 기실 이런 행위는 자기 자신이 가장 중요한 존재라고 믿는 에고 때문에 생긴다. 모든 사람들의 내면에는 성마른 어린 아이가 있다. 어린 아이는 자신이 세상의 중심이라고 생각한다. 아이는 부모가 이혼을 하는 것이 자신 때문이라고 생각한다. 아이는 뭐든지 잘한다고 칭찬받고 싶어 한다. 그 누구보다 잘하고 싶고 더 많이 가지고 싶고 더 인정받기를 원한다. 그래서 어린 아이나 전문가나 무지를 드러내는 것은 말처럼 쉽지 않다.

성장
마인드셋

································

　　한 분야의 진정한 대가들에게서 볼 수 있는 공통적인 특징은 그들이 특정 분야에서 힘들게 얻은 전문성에 집착하지 않는다는 것이다. 그들은 본인들이 반평생을 바쳐서 이룩한 전문성을 옆으로 제쳐두더라도 새로운 것을 배우는 것을 기꺼이 받아들이고 즐거워한다. 대가들에게 배움은 목적을 위한 수단이나 일시적인 완결이 아닌 삶의 전 과정에서 일어나는 호흡과 같은 활동이다. 모르고 있는 것을 드러내지 않으려고 애쓰는 보통 사람들과는 확연히 다르다. 미래학자 앨빈 토플러는 *"21세기에는 문맹이 읽고 쓰지 못하는 사람이 아니라, 배우고, 배운 것을 잊고 다시 배우는 것을 못하는 사람을 가리키는 말이 될 것이다."*라고 말했는데 이것은 소프트웨어 개발자들에게도 해당되는 얘기다. 물론 배웠던 것을 일부러 까먹을 필요는 없다.

모르면? 배우면 되지! 간단하지만 연차가 늘어나는 개발자들에게는 그리 간단한 논리는 아니다.

과거 회사에서 실제 있었던 일이다. 10년 이상의 경력을 가진 한 개발자가 새로 입사했다. 그 개발자는 전체가 모인 자리에서 다음과 같이 인사를 했다.

> "안녕하세요, OOO입니다. 만나 뵙게 되어 정말 반갑습니다. 부족한 점이 많습니다. 앞으로 많이 배우고 열심히 하겠습니다. 많은 지도 편달을 부탁 드립니다!"

그러자 인사를 들은 부서장이 다음과 같이 대답했다.

> "환영합니다, OOO 책임연구원! 앞으로 함께 잘해 봅시다. 경력이 적지 않으니 이제 배우는 것은 그만하고(웃음) 많은 성과를 내 주시기를 바랍니다."

그 부서장은 신입사원이 아니니 배우는 데 쓰는 시간보다 실제 업무를 수행해서 성과를 내는 데 집중하라는 의도였을 것이다. 그렇지만 지금 생각해 보면 배움과 실무를 무 자르듯이 재단해 버린 것은 바람직하게 보이지 않는다. 모든 것을 알고 있는 상태에서 개발 프로젝트를 수행하는 경우는 거의 없다. 무엇을 모르고 있는지 모르는 상태로 대부분의 프로젝트는 시작된다. 소프트웨어 개발은 알고 있는 확실한 것들을 반복하는 제조 공정이 아니다. 모르고 있는 것들을 배우고 익혀서 다양한 상황에서 응용하고 발전시켜 나가는 것이 소프트웨어 개발이다. 학습하는 과정 자체가 개발 과정의 일부이다. 따라서 학습 능력이 곧 개발 능력이다.

소프트웨어 개발자는 문제 해결 능력과 학습 능력을 가지고 있어야 한다.

학습 능력은 문제 해결 능력만큼이나 중요하며 앞으로 더 중요해질 것이다. 사실 학습 능력이 문제 해결 능력의 일부다. 지금 알고 있다고 생각하는 것들은 그 어느 것도 영원하지 않다. 기술이 발전하고 미래가 변하기 때문이다. 버전 1.0과 스펙 1.0은 금방 구식이 되는 것이 소프트웨어 개발의 현실이다. 아는 게 많아질수록 모르는 것 또한 많아지는 것이 소프트웨어 개발이다.

무지를 드러내자. 유능하게 보이려 애쓰지 말고 진짜로 유능해지려고 노력하자. 그러기 위해서는 무엇보다도 먼저 자신의 무지를 드러내야 한다. 무지를 드러내는 방법은 질문하는 것이다. 지금 알고 있는 것으로 인정받으려고 애쓰다 보면 발전할 수 없다. 새로운 것을 만들어 가는 능력, 즉 학습 능력과 문제 해결 능력이 소프트웨어 개발의 핵심이다. 지금 가지고 있는 것들에 집착하는 것은 고정 마인드셋^{Fixed Mindset}의 세상이다. 노력만 하면 언제든지 향상될 수 있다고 믿는 것은 성장 마인드셋^{Growth Mindset}이다. 사회심리학자 캐롤 드웩 교수의 저서 <성공의 새로운 심리학>에 나오는 한 중학생 소녀의 고백을 들어보자.

> "지능은 노력해서 얻어야 하는 것이라고 생각해요. 그저 주어지는 것이 아니지요. 대부분의 아이들은 해답을 모를 경우에도 손을 들지 않아요.
>
> 그러나 저는 달라요. 손을 드는 거죠. 설령 내가 틀린다 해도 선생님께서 실수를 바로잡아 주시기 때문이죠. 저는 질문함으로써 저의 지능을 높이고 있어요."

선천적인 재능이 성공을 결정한다는 고정 마인드셋을 가진 사람들은 실패에 민감하다. 실패를 두려워하므로 자신들이 할 수 있는 것만 하고 도전하지 않는다. 반면 성장 마인드셋을 가진 사람들은 실패는 과정이라고 생각한다. 도전 자체를 역량을 강화시키는 과정이자 기회로 여긴다. 성장 마인드셋을 가진 사람들의 가장 큰 특징이자 장점은 배움이라는 것에 열려 있다는 것이다. 앞서 언급한 대가들의 특징이다. 배움과 성장을 위해서는 성장 마인드셋을 가져야 한다. 배우고 성장하는 과정에서 혼돈의 과정은 필수적인데 고정 마인드셋을 가진 사람들은 이런 혼돈의 과정에서 발생하는 문제를 실패라고 생각할 수 있다. 더 이상 실패하지 않기 위해 포기하기에 이른다. 이것이 전형적인 실패자의 특성이다. 모든 변화는 A에서 B로 한 번에 바뀌지 않는다는 사실을 잊지 말자. 모든 변화는 혼돈을 포함한다. A에서 A′와 A″의 변질 과정 이후 A와 B가 섞인 카오스적인 상태인 A″B′를 거친 다음 B가 되는 것이다. 이것이 배움의 과정이다.

개발자로
성장하는 길

전문가와 학자, 작가와 사상가
그리고 소프트웨어 개발자

중국의 작가 임어당林語堂 Lin Yutang은 그의 저서 <생활의 발견>에서 중국 후한 시대의 사상가인 왕충王充의 글을 빌어 전문가와 학자 그리고 작가와 사상가를 구별했다. 이를 풀어서 설명하면 다음과 같다.

전문가는 그 지식이 커졌을 때 학자라고 칭해질 수 있고, 작가는 그 예지가 깊어졌을 때 사상가라고 불릴 수 있다. 전문가라 함은 자신의 분야에서 경험을 통해 일정 수준 이상의 능력을 쌓은 사람을 말한다. 이 경험적인 지식과 기술들이 기반이 된 후 이론가인 학자로 성장하는 수순이 바람직하다. 학자는 다른 학자들로부터 지식을 가져와 더 큰 지식을 도모한다.

작가 역시 여러 사상가로부터 빌려온 이론에 자기만의 경험을 접목하여 저술을 행하는데, 자기 뱃속의 관념이 공고해지면 그것이 자기만의 고유한 사상을 만들어 내고 결국 사상가로 발전한다. 학자와 사상가의 차이는 학자의 지식은 대부분 다른 학자들로부터 빌려온 것인 데 반해, 사상가의 지식은 자기 뱃속의 관념으로 이루어져 있다는 것이다. 위대한 사상가일수록 스스로 만들어낸 관념과 사상에 의지한다. 임어당은 학자의 저술과 사상가의 저술에 대해 다음과 같이 이야기한다.

> "학자는 먹었던 것을 입으로 뱉어 내어 새끼를 기르는 갈가마귀와 같은 것이다. 사상가는 뽕잎이 아니고 명주를 뱉어 내는 누에와 흡사하다. 집필 전에는 관념의 임신 기간이 있다. 그것은 출생 전에 태아가 자궁 안에서 임신 기간을 보내는 것과 같다.
>
> 작가가 자기 영혼에 불을 붙여 생동하는 관념을 만들어 낼 때 그것이 수태다. 그 관념이 임신 기간을 경과하기 전에 인쇄를 서두르는 것은 설사이지 진통이 아니다. 작가가 양심을 팔고 신념에 위배되는 것을 쓴다면, 그것은 낙태이며 반드시 사산한다. 뇌우처럼 격한 경련을 머리에 느끼고 그 상념을 토해내기 전에 안절부절 못하며, 종이에 쓰고 나서야 비로소 안도한다면 그것은 문예적 탄생이다."

임어당은 문예적 탄생, 다시 말해 예술의 탄생이 숙명적으로 거쳐야 하는 관념의 임신 기간에 대해 말하고 있다. 소프트웨어 개발을 이렇게 하면 어떻게 될까? 코드 한 줄 나오기까지 길고 긴 시간이 필요할 테고, 결국 프로젝트는 망할 것이다. 새로운 방식을 배우면 써먹지 못해 안달이 나는 개발자들의 특성과도 거리가 멀다. 곰삭을 때까지 머리에 넣었다가 흘러 넘치면 밖으로 뿜어내는 창작 방식은 개발에는 적합하지 않다. 또한 자신만의 사상과 관념을 만들어 내기 전까지 코드를 작성하지 못한다면 문예사상가는 될 수 있을지 몰라도 소프트웨어 개발자는 될 수 없다.

소프트웨어 개발에 있어 중요한 것은 지식과 기술이 곰삭을 때까지 머릿속에서 숙성시키지 말고, 시의적절하게 지식과 기술을 써먹고 발전시켜야 한다는 것이다. 설계나 사전 검증이 필요 없다는 이야기가 아니다. 머릿속으로 기술과 지식을 숙성시키는 것이 아닌 직접 손끝으로 지식과 기술을 발전시켜야 한다는 뜻이다. 다만 자신의 것으로 소화시키지 못한 외부의 지식과 기술을 잘못 사용하면 소프트웨어는 설사병에 걸릴 수 있고, 그 정도가 심하면 프로젝트는 사산한다. 따라서 지식과 기술을 체화시키는 과정이 필요한데, 사실 이 역시도 개발 현장에서 이루어질 수밖에 없다. 이것이 배움과 적용이 끊임없이 되풀이되는 소프트웨어 개발 과정이다. 다만 학습의 과정에 있을 때는 더욱더 주의해서 차용해 온 지식과 기술을 잘못 사용하는 일이 없도록 해야 한다. 빌려온 기술이어도 계속 갈고 닦고 거기에 자신의 노하우를 더하면 자신만의 기술과 지식이 된다. 그것이 개발자의 지혜이고, 오랜 시간 하나의 체계를 이루면 그것은 개발자 철학이 된다.

위대한 개발자, 위대한 사상가, 위대한 철학자가 되고자 하는 포부는 나쁘지 않다. 다만 꿈과 계획 그리고 당장 주어진 현실은 다를 수 있다. 위대한 사상가는 직접 체득한 인생에 대해 말하고, 지식인은 위대한 사상가의 지혜에 대해 이야기한다. 보통 사람은 지식인들이 풀어 놓은 이야기를 논한다. 이것을 계급이나 계층 구조로 보면 곤란하다. 일이 이루어지는 순서나 과정으로 보는 것이 맞다. 태어날 때부터 위대한 사상가인 사람은 없다. 보통 사람으로 시작하지 않고 위대한 사상가가 될 수는 없다. 마찬가지로 위대한 개발자가 되기 위해서는 일단은 수습 개발자부터 시작해야 한다. 웅대한 꿈을 지향하더라도 걸음은 바로 눈앞에 디뎌야 한다. 모든 철학의 출발점은 사소할 수밖에 없고, 또한 사소해야만 한다.

개밥 먹기

....

　　앞서 언급한 바 있듯이, '개밥 먹기'는 소프트웨어 개발 세계에서 쓰이는 은어 중 하나로 개발한 제품을 개발자가 직접 테스트하는 것을 말한다. 이것은 애완견 사료 칼칸의 제조업체인 마스의 경영진이 실제 자신들의 제품을 먹어본 것에서 유래되었다. 이를 마이크로소프트의 한 매니저가 사내 메일에서 언급함으로써 소프트웨어 업계에서 하나의 용어로 자리 잡게 되었다. 먹어봐야지 개밥인지 아닌지 안다고 실제 사용 환경에서 테스트해 봐야지 제대로 만들었는지 아닌지 판단 가능하다.

이 사료를 만든 연구원들은 개밥을 먹어 봤을까?

대다수의 개발자들은 자기가 만든 소프트웨어가 개밥인지 아닌지를 잘 모른다. 비개발자는 이해하기 어려울지 모르겠으나, 개발자는 자기가 만든 제품을 테스트하지 않는 경우가 많다. 자기 회사에서 만든 실제 제품이 어떻게 생겼는지 모르는 개발자도 있다. 대부분 부분적인 모듈 단위로 소프트웨어를 개발하기 때문이다. GUI를 개발하는 개발자는 GUI만 개발한다. 미들웨어MW를 개발하는 개발자는 미들웨어만 개발한다. low-level 디바이스 드라이버 개발자는 커널이나 하드웨어 디바이스에만 관심이 있다.

모듈의 기본 기능이 동작하고 정합 테스트^{integration test}에 문제가 없으면 소프트웨어에 문제가 없을까? 그런 것들은 단지 기본적인 필요조건일 뿐 좋은 소프트웨어를 위한 충분조건이 아니다.

UI 개발자들은 디바이스 드라이버 소프트웨어의 느린 응답성 때문에 UX의 품질이 저하된다고 불평하지만, 디바이스 드라이버 개발자들의 관점에서 볼 때 그것은 사소한 문제일 수 있다. 아주 조금의 응답 속도 개선을 위해 소프트웨어의 구조를 바꿀 수는 없다며 디바이스 드라이버 개발자들은 난색을 표한다. 이처럼 서로가 중요하다고 생각하는 것이 다르다. 이런 상황에서는 숲을 보고 방향을 제시하는 리더의 역할이 중요한데, 리더가 소프트웨어의 모든 부분을 챙기는 것은 쉽지 않기 때문에 어느 정도는 각 모듈의 담당자들에게 재량권이 주어진다.

하나를 주면 하나를 잃어야 하는 트레이드오프의 갈림길에서 개발 담당자는 새로운 선택이 초래할 무시무시한 양의 일과 당장의 우선순위에 올바른 판단을 내리지 못한다. 좋은 게 좋은 거라고 서로가 양보해 가며 유야무야 넘어가는 상황이 많아지면 많아질수록 출시 후 소프트웨어와 그 소프트웨어 개발자들이 겪어야 할 시련의 크기는 커지게 된다. 필드에서 사용자 클레임이 늘어나고 사태가 심각해져서야 부랴부랴 수습에 들어가지만 소프트웨어는 이전보다 더 복잡해져 있고 시간은 이전보다 턱없이 부족하다.

예전에는 훌륭한 개발자라면 겉보다는 안을 중시해야 한다고 믿었다. 코드의 효율과 데이터 처리 구조가 중요하지, GUI가 예쁘고 사용자 친화적인 UX를 가진 것이 중요한 게 아니라고 생각했다. 개발자가 신경 써야 하는 것들은 아니라고 생각한 것이다. 물론 UI 개발자나 마케팅 담당자는 거꾸로 생각했을지 모른다. 이런 생각은 시간이 지나면서 바뀌었다. 안이 중요한 것만큼 겉도 중요하다. 그리고 내부에서 외부로만 전개되는 것이 아니라, 거꾸로 외부에서 내부로 다져 들어가는 소프트웨어 개발이 필요하다. '개밥 먹기'는 이를 위한 좋은 연습이다. 남들이 만들어 놓은 개밥을 먹어 보고, 내가 만든 개밥은 당연히 먹어 봐야 한다. 외부로부터 발견하고 깨달은 것들이 내부에 반영되어야 한다. 그리고 내면이 공고해지면 다시 외면으로 나가야 한다. 이것은 앞과 뒤로 움직이는 그네와 같다. 반원을 그리는 궤적의 크기만큼 소프트웨어의 내부와 외부 모두 단단해질 수 있다. 내부에서 흘러 넘칠 때까지 곰삭혔다가 외부로 한번 분출하고 끝나는 그런 예술적 창작이 아닌 내부와 외부를 분주히 오가는 시계추와 같은 개발이 이 시대의 소프트웨어에 필요하다.

최종 사용자에 도달한 소프트웨어가 어떻게 동작하고 어떤 가치를 가지는지 알아야 한다. 이 최종 지점과 자신이 만들고 있는 소프트웨어 모듈 간의 끈은 이어져 있어야 한다. 이 두 개의 연결이 단절되어 있다면 좋은 소프트웨어를 만드는 것은 힘들고, 또한 좋은 소프트웨어 개발자가 되는 것은 더욱 힘들다. 위대한 개발자가 되기 위해서는 지금 하고 있는 것보다 더 큰 것들을 볼 수 있어야 하기 때문이다. 더 큰 것을 보기 위해서 우리가 우선시해야 하는 일은 지금 주어진 것들을 명확히 보고 이해하는 일이다. 그것이 내가 만들고 있는 소프트웨어이고 내가 만들어서 사용자가 쓰게 될 제품이다. 여기까지 제대로 하고 있다면 전문가라 불릴 수 있다. 전문가는 자신이 하고 있는 복잡한 일을 중학생 이상의 수준이면 누구나 이해할 수 있도록 명쾌하게 설명할 수 있어야 한다. 복잡하고 전문적인 일의 체계와 제품이 적용된 실세계를 엉키지 않은 한 줄의 실로 풀어낼 수 있는 사람이 바로 전문가다.

더 큰
성장을 위하여

····················

　어떤 분야든지 전문가가 되기 위한 길은 거의 정해져 있다. 의술의 전문가가 되기 위해서는 의대를 나와서 인턴을 거쳐 전공의가 된 다음 해당 분야에서 실력을 갈고 닦으면 된다. 특정 소프트웨어 프레임워크 개발의 전문가가 되려면 해당 프레임워크를 가지고 많은 개발을 해보고 경험과 노하우를 쌓으면 된다. 하지만 그 이상, 다시 말해 전문가를 뛰어넘은 대가의 반열에 오르는 경로는 고정되어 있지 않다. 그때부터는 경로라는 것이 무의미해진다. 여기서부터 한 갈래로 뻗어 있는 길이라는 관념은 잊는 것이 좋다. 경부고속도로를 타서 전문가가 되었다고 해서 그 다음 대가가 되기 위한 길이 중부고속도로에 있는 것이 아니라는 말이다.

소프트웨어 개발도 마찬가지다. 전문가의 영역으로 가기 위해서는 기술이 중요하다. 이 단계에서는 기술은 도구이자 목적이 될 수 있다. 프로그래밍 언어, 소프트웨어 플랫폼, 개발 방법론은 기술이자 곧 도구로서 전문성을 판가름하는 요소가 된다. 전문성이 늘어나면서 소프트웨어 개발은 도구보다는 사고의 영역으로 접어들게 된다. 문법을 잘 알면 맞춤법이 훌륭한 글을 쓸 수 있지만 좋은 소설을 쓸 수 있는 것은 아니다. 소설 쓰기는 사고의 문제이지 워드 프로그램의 문제가 아니다. 마찬가지로 사고와 논리를 어떻게 구성하느냐가 소프트웨어 개발의 실제적인 본질이다. 전문성이 결여된 논리는 사상누각에 지나지 않는다. 모두가 생각이라는 것을 하지만 모든 생각이 철학이 되지는 않는다. 철학은 전문성 위에 서 있어야만 한다. 철학적인 높이의 사고와 시각을 갖는 것이 중요한 이유는 결국 그것이 현실 지배력을 만들어 내기 때문이다. 자신이 몸담고 있는 세계를 더 깊이 이해하고 더 멀리 볼 수 있게 해 주는 것이 철학이다. 멀리 볼수록 멀리 갈 수 있다.

철학은 이론과 경험으로 만들어진다. 이론은 타인의 것이고 경험은 내 것이지만, 어떤 것이 우월하다고는 볼 수 없다. 둘 다 필요하다. 이론을 받아들이는 것도 몸으로 부딪쳐서 받아들여야 한다. 이론에 경험을 더하면 내 것으로 만들 수 있다. 어느 정도의 전문가가 되고 나면 자신의 영역이 아닌 다른 다양한 분야를 접해 보아야 한다. 그렇지 않고서는 더 큰 발전을 기대하기 어렵다. 가장 좋은 방법은 뛰어난 이들이 있는 조직에서 함께 일해 보는 것이다. 구글의 CEO인 순다 피차이는 자신이 개발자로서 성장할 수 있었던 이유를 다음과 같이 이야기한 적이 있다.

> *"나보다 더 뛰어난 사람을 찾아서 그들과 함께 일해야 한다. 그래야 성장할 수 있다. 편한 사람과 일하면 안 된다. 익숙한 일과 사람 속에선 배울 것이 없다."*

편한 사람과 일하는 것은 정신 건강에는 좋지만 발전과 성장에는 별 도움이 안 된다는 얘기다. 나 역시 10년이 넘는 시간을 한 조직에 몸담고 있으면서 정체된 시기를 겪었다. 그 동안 한 가지 절실하게 깨달은 것이 있다면 발전하고자 하는 욕망이 있다면 자신보다 뛰어난 사람, 혹은 다른 장점을 가지고 있는 사람들과 함께 일해야 한다는 것이다. 하늘을 날고자 하면 독수리 떼에 합류해야지, 닭들과 함께 바닥의 모이를 쪼고 있으면 안 된다. 젊은 개발자라면 더욱 그렇다. 현재의 급여나 편안함에 혹하지 말고 자신보다 뛰어난 사람들을 찾아야 한다. 나이가 있는 고참 개발자라면 혹은 팀의 리더라면 반대로 뛰어난 사람을 모으는 법을 알아야 한다. 자신보다 뛰어난 사람을 찾는 것도 안목이 필요하다. 뛰어난 사람을 알아보기 위해서는 먼저 자신의 실력부터 냉정하게 판단해야 한다. 개발자들은 자신의 실력을 높게 보는 경향이 있다. 구글 트렌드로 밝혀진 통계에 따르면 기업의 엔지니어의 40% 이상이 자신의 실력이 상위 5% 안에 든다고 생각한다. 거짓말이 아니라면 착각을 하고 있는 것이다. 본인의 실력을 직시하지 못하면 더 나은 사람들도 찾을 수 없다. 물론 더 나은 사람이 될 수도 없다.

초임 개발자이든 관록 있는 개발자이든 새로운 것들에 열려 있어야 한다. 자신보다 뛰어난 사람이 어떻게 문제를 해결하는지 보는 것만으로도 큰 깨달음을 얻을 수 있다. 누구에게든 배울 수 있다. 하다 못해 유용한 개발 툴의 단축키라도 알 수 있다. 다른 이들의 개발 방식을 보면서 좋은 것은 내 것으로 만들고 기존에 가지고 있던 문제점들을 바로잡는다. 이 과정을 통해 자신의 실제적인 역량을 냉정하게 판단할 수 있는 계기 또한 마련된다.

그래서 개발자라면 한 조직에 오래 몸담기보다는 새로운 조직과 새로운 개발 문화를 접하는 것이 자신의 실력과 내공을 쌓는 데 도움된다. 새로운 것을 받아들이려면 열려 있어야 한다. 변화를 기꺼이 받아들일 수 있고 이를 즐겨야 한다. 안정을 추구하더라도 발전을 위해 변화는 삶의 일부가 되어야 한다. 매일 짜장면만 먹으면 결코 짬뽕의 맛을 알 수 없다. 불확실성을 용인하고 변화를 기꺼이 받아들일 수 있다면 언젠가는 원하는 모습이 되어 있을 것이다. 고개를 들어 문밖으로 한걸음 나서면 우리를 기다리고 있는 광대무변한 공간이 있다. 자꾸만 웅크리고 싶을 때는 페이팔 창업자 피터 틸의 말을 되새겨 보자.

누구나 나비가 될 수 있다.
단, 먼저 번데기에서
탈출할 수 있을 때만.

지속적인 개선(Continuous Improvement)

"방문은 언제나 즐거운 일이다. 도착할 때 그렇지 않으면 떠날 때라도 반드시 그렇다."

엠마뉘엘 카레르가 쓴 장편 소설 <나 아닌 다른 삶>에 나왔던 문장이다. 달리기 매니아인 소설가 김연수는 그의 책 <지지 않는다는 말>에서 이 문장을 그가 좋아하는 달리기에 비유했다.

"달리기는 언제나 즐거운 일이다. 시작할 때 그렇지 않다면 끝날 때는 반드시 그렇다."

어떤 일이든 마찬가지다. 소프트웨어 개발 역시 그래야 한다는 것에 모든 개발자가 동의할 것이다. 시작할 때 즐겁지 않다면 끝날 때에는 반드시 즐거워야 한다. 달릴 때 느꼈던 터질 것만 같던 심장의 고통과 근육의 긴장감은 결승선에서 흐르는 땀과 함께 뿌듯한 성취감으로 바뀌는 것이 마땅하다. 그런데 만약 끝이 없다면 어떨까?

소프트웨어 개발은 문제 해결 과정의 연속이다. 소프트웨어 개발이라는 것은 사실 끝이 없다. 완벽한 소프트웨어라는 것이 존재하지 않기 때문이다. 버전 1.0의 개발이 끝나도 별다른 기능 추가가 필요치 않아도 유지보수라는 새로운 험로가 개발자들을 기다리고 있다. 버그를 고치면 소프트웨어를 다시 빌드해야 하고 다시 테스트해야 한다. 그리고 문제가 없다고 판단되면 사용자에게 소프트웨어를 배포한다. 이 과정은 시시포스가 굴러떨어진 바위를 다시 산 위로 밀어 올리는 것처럼 끊임없이 반복된다. 이

어쩔 수 없는 반복을 인정할 수밖에 없다면 우리는 어떻게 이 반복 작업을 문제없이 그리고 효율적으로 할 수 있을지 방법을 찾아야만 한다.

여러 사람이 함께 코드를 작업하면 코드 정합^{code merge}이 필요하다. 내가 작업해서 내 환경에서 돌렸을 때는 문제가 없었는데 소스코드 형상 관리 서버에 올리고 이를 다른 사람이 받아서 돌리면 문제가 생기는 일이 비일비재하다. 원인을 파악하고 제대로 된 코드가 나오기까지 다시 시간이 소요된다. 테스트는 어떨까? 여기서 테스트했을 때는 문제가 없었는데, 저기서 테스트하니 이상한 문제가 생긴다. 이것 역시 원인을 파악하고 조치하는 데 또 만만치 않은 시간이 걸린다. 오랜 시간을 들여 확인한 결과 해프닝으로 끝나는 경우도 많다. 누군가가 잘못 남겨 놓은 파일 하나 때문에 모두가 고생하는 일은 그리 드물지 않게 일어난다.

그래서 등장한 것이 지속적인 통합^{CI: Continuous Integration}이다. 말 그대로 지속적으로 소프트웨어 코드를 통합하자는 것이다. 방법론적으로 더 구체화해서 설명하면 소프트웨어 코드의 빌드와 테스트, 검사를 지속적으로 반복한다. CI는 꼭 자동화를 말하지 않는다. 사람이 수동으로 하더라도 지속적으로 자주 진행하면 된다. 하지만 같은 일을 매번 사람이 반복하는 것은 비효율적이므로 자동화는 필수다. 따라서 통상 CI는 자동화된 소프트웨어 통합 프로세스라고 할 수 있다. 소프트웨어 개발에 있어 심각한 문제 중의 하나는 '이 정도 했으니 문제 없겠지'라는 어설픈 가정이다. 이런 어설픈 가정이 위에서 언급한 문제들을 만들어 낸다. CI는 이런 가정 자체를 하지 않는다. 문제가 있겠지 없겠지와 같은 전제는 존재하지 않는다. 단지 할 수 있는 확인을 모두 하는 것이 CI 시스템이 하는 일이다.

사잇글 ———

CI의 기술적인 핵심 요소이자 프로세스는 다음과 같다.

- 지속적인 코드 체크인 continuous check-in
- 지속적인 소프트웨어 빌드 continuous build
- 지속적인 테스트 continuous test
- 지속적인 배포 continuous release
- 지속적인 피드백 continuous feedback

모든 요소가 중요하다. 어느 하나라도 빠지면 소프트웨어를 만들어서 배포하는 것에 문제가 있는 것이다. 코드 체크인과 소프트웨어 배포까지는 중요하다고 생각하는데 피드백을 소홀히 하는 경우가 많다. CI 프로세스를 적용하든 그렇지 않든 각각의 활동에 대한 결과와 그 피드백이 투명하게 공유되고 다음 개선에 반영되어야 한다.

여기서 CI를 어떻게 구축하고 어떤 플랫폼을 쓰는 게 좋을지와 같은 기술적인 사항은 다루지 않는다. 인터넷을 조금만 찾아봐도 좋은 플랫폼과 노하우를 찾을 수 있다. 그리고 CI는 공짜로 구축 가능하다! 조금만 구글링해 봐도 쉽게 도입할 수 있다. 좋은 소프트웨어를 만들고자 한다면 관심을 가질 필요가 있다.

지속적인 통합CI: Continuous Integration이 결국 지속적인 개선CI: Continuous Improvement 이다. 개선은 한 발자국씩 나아지는 것이다. 이는 개선에 대한 의지가 있으면 가능하다. 작은 관심으로부터 개선은 시작된다.

CI 시스템 역시 점진적으로 개선하는 것이 좋다. 처음부터 모든 기능을 왕창 집어넣어서 한번에 최고의 결과를 얻고자 하는 생각은 버리자. 또한 CI는 가급적 프로젝트의 초기에 구축하는 것이 좋다. 그래야 그 효능을

100% 발휘할 수 있다. 헨리 포드가 말한 대로 품질이란 누가 보지 않을 때에도 제대로 돌아가는 것을 뜻한다. 누가 보고 있지 않아도 제대로 돌아가는 CI 시스템이 있다면 소프트웨어 개발에 큰 레버리지가 생기는 셈이다. 모든 소프트웨어는 본질적으로 개선의 가치를 가진다. CI 역시 그 핵심은 개선의 가치에 있다.

사잇글 ———

어떤 개발자가 살아남는가

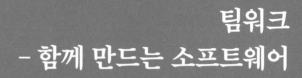

5장

팀워크
– 함께 만드는 소프트웨어

플랫폼과
프로세스의 힘

✥

생각 없이 행할 수 있는 중요한 작업의 수가 늘어남에 따라
문명은 발전한다.

영국의 수학자 겸 철학자, 알프레드 노스 화이트헤드

안정화된
플랫폼의 중요성

....

2005년 뉴스코프 그룹은 설립된 지 2년밖에 되지 않는 SNS 회사 마이스페이스Myspace를 5억 8천만 달러라는 거액으로 인수했다. 인터넷이 세계 구석구석을 연결하면서 SNS는 전 세계로 들불처럼 번지고 있었다. 마이스페이스보다 1년 먼저 서비스를 시작한 프렌드스터Friendster 역시 업계의 주목을 받으며 거침없는 성장을 거듭했다. 그런데 후발주자인 페이스북Facebook이 전 세계의 SNS를 평정하기 전에 이미 이 두 회사는 쇠락의 길로 접어든다. 두 회사와 페이스북이 달랐던 점들 중 한 가지가 그들의 운명을 결정지었다.

페이스북이 초창기 가장 크게 신경을 썼던 것들은 마이스페이스나 프렌드스터와 달랐다. 마이스페이스와 프렌드스터가 광고와 수익을 위한 비즈니

스 플랫폼을 고민하고 있었을 때, 페이스북은 성능을 유지하고 안정적인 서비스를 제공할 수 있는 개발 플랫폼에 신경을 썼다. 페이스북은 끝내주는 수익 모델을 만들거나 대규모의 투자를 받는 것보다 먼저 안정적인 시스템을 구축하는 것에 집중했다. SNS가 점점 대중화되면서 사용자가 늘어나는 것은 필연이었고, 그로 인해 트래픽 역시 기하급수적으로 늘어날 것이 뻔했기 때문이었다. 결국 페이스북은 늘어나는 트래픽에 끄떡없는 철옹성을 구축했다. 이를 바탕으로 페이스북은 안정적인 서비스를 제공할 수 있었고 점점 시장 지배력을 늘려나갔다. 이와 달리 프렌드스터는 늘어난 사용자와 트래픽에 제대로 대처하지 못했다. 급증한 트래픽에 시스템의 성능은 저하되었고, 먹통이 된 서비스는 매번 복구할 때마다 긴 시간이 걸렸다. 결국 사용자들은 페이스북으로 죄다 옮겨 갔고 프렌드스터는 그 찬란했던 영광을 뒤로 하고 쇠락의 길을 걷게 된다.

플랫폼platform은 승강장을 뜻하는 영단어인데 실제로는 어떤 일이 이루어지는 토대나 틀을 말한다. 보통 플랫폼은 생산자와 사용자가 특정한 가치를 거래하는 매개체를 말한다. 사용자가 페이스북을 한다는 것은 해당 플랫폼을 사용해서 인터넷의 친구들과 교류한다는 것이다. 이는 사용자 관점에서 보는 플랫폼이다. 반면 생산자, 즉 개발자 관점에서 플랫폼은 서비스가 운용되는 시스템 자체다. 소프트웨어 플랫폼은 소프트웨어가 구동되는 시스템과 환경을 말한다. 스마트폰에 탑재되는 안드로이드나 애플의 iOS와 같은 것들을 대표적인 소프트웨어 플랫폼으로 볼 수 있다. 혹자는 운영체제와 플랫폼을 똑같이 취급하기도 하는데 엄밀히 말해서 플랫폼이 운영체제보다 훨씬 큰 개념이다. 어떤 소프트웨어 플랫폼을 가졌는지에 따라 시장 지배력이 결정되는 시대다. 구글과 애플이 각자의 플랫폼으로 스마트 기기 시장을 완전히 장악하고 있음이 이를 증명한다.

플랫폼이 소프트웨어의 바탕이라면 프로세스는 소프트웨어 개발, 즉 일을 하는 바탕이다. 개발 방법론의 철학과 이론을, 실무를 위한 절차와 실천 사항으로 명세화한 것이 바로 프로세스다. 좋은 플랫폼을 가진 회사들은 십중팔구 좋은 프로세스를 가지고 있다. 소프트웨어 플랫폼의 개념조차 미미하던 1968년에 미국의 컴퓨터 과학자였던 멜빈 콘웨이 박사는 다음과 같이 말한 바 있다.

> *"프로그램의 구조는 그것을 제작하는 조직의 구조를 반영한다."*

좋은 프로세스를 가진 회사가 좋은 플랫폼을 만들고 좋은 플랫폼이 좋은 소프트웨어를 만들어 낸다. 주먹구구로 개발하면 주먹구구가 나올 수밖에 없다. 당연한 이치다. 그럼에도 불구하고 플랫폼의 중요성은 인정하지만 프로세스의 중요성에 대해서 간과하는 이들이 적지 않다.

소프트웨어 개발을 산에 오르는 것에 비유하자면 플랫폼은 베이스캠프이고 프로세스는 등반줄과 같다. 에베레스트와 같은 험난한 산을 등정하는 데 있어 베이스캠프는 매우 중요하다. 경험 많은 산악인들은 산을 오르는 데 쓰는 시간만큼 베이스캠프를 만들고 관리하는 데 많은 시간을 써야 한다는 사실을 알고 있다. 베이스캠프를 갖춰 놓지 않고 무작정 산을 오르는 것은 제대로 된 플랫폼 없이 주먹구구로 소프트웨어를 개발하는 것과 같다. 어쩌다 한번 운 좋게 정상에 오를 수도 있겠지만, 그 행운이 두 번 세 번 반복되기는 힘들다. 마찬가지로 프로세스 없이 주먹구구로 소프트웨어를 개발하는 것은 등반줄이라는 안전장치 없이 위험한 암벽을 오르는 것과 같다. 실수가 실패가 되어서는 안 된다. 발 한번 잘못 헛디뎠다고 추락해서는 결코 산을 오를 수가 없다. 프로세스는 또한 베이스캠프를 어떻게 체계적으로 만들고 효율적으로 관리할 것인지에 대한 사항들도 포함한다. 베이스캠프의 관리부터 어떻게 산을 올라야 할 것인지 그리고 암벽을 오르는 데 필수적인 등반줄까지 모두 제공하는 것이 바로 프로세스다.

베이스캠프와 등반줄

알고리즘과 마찬가지로 프로세스는 정제된 솔루션이다. **알고리즘이 코딩의 꽃이라면 플랫폼은 소프트웨어의 뿌리이며, 프로세스는 소프트웨어라는 열매를 밀어 올리는 나무줄기와 같은 존재다.** 소프트웨어 개발은 창조적인 작업이지만, 그 안에서 무수히 많은 반복 작업과 단순 작업이 존재한다. 또한 사람이 하는 일이므로 잠재적 비효율성과 함께 실수로 인한 위험성까지 도사리고 있다. 프로세스는 안정성과 효율을 높이고자 고안된 개발에 필수불가결한 도구다. 결국 소프트웨어를 만들어 내는 구조화된 동력을 프로세스라고 할 수 있다. 그런데 왜 프로세스 없이 개발을 할까? 사실 이유는 많다.

소프트웨어를 지켜 내는 구조화된 체계: 프로세스

....

경험이라는 것은 정직한 것이다. 좋은 경험을 하면 좋은 습관이 형성되고, 나쁜 경험이 반복되면 나쁜 습관이 생긴다. 그래서 경험이 많다는 것이 꼭 좋은 것만을 의미하지는 않는다. 누구나 습관이라는 것을 가지고 있다. 좋은 습관을 가지고 있으면 좋은 성과를 만들고, 나쁜 습관을 가지고 있으면 좋은 성과는커녕 나쁜 일이 생긴다. 매일 꾸준히 운동하는 습관을 가진 사람이 건강해지고, 매일 흡연과 폭음을 일삼는 사람이 건강을 잃는 것은 자연스러운 이치다. 개인의 습관은 개인적인 프로세스와 다르지 않고, 조직의 습관적 문화, 즉 일하는 관습은 보이지 않는 조직적인 프로세스로 볼 수 있다. 얼핏 프로세스라는 것이 없이 일하고 있는 것처럼 보이지만, 모든 사람들이 습관이라는 것을 가지고 있듯이 누구든 암묵적인 프로세스 속에서 일하고 있기 마련이다. 이런 보이지 않는 습관과 관습을 양지로 이끌어 내서 좋은 방향으로 개조한다는 것은 말처럼 쉬운 일은 아니다. 세 살 버릇이 여든까지 간다는 구태의연한 속담을 인용하지 않더라도 말이다.

브라질의 소설가 파울로 코엘료가 쓴 우화집 <마크툽>에는 다음과 같은 일화가 나온다.

어느 날 정신치료사 리처드 크롤리에게 한 환자가 상담을 받으러 왔다. 그 환자는 엄지손가락을 빠는 버릇을 고칠 수가 없다고 하소연했다. 크롤리는 환자에게 간단한 처방을 내렸다. 처방은 각각의 요일마다 매번 다른 손가락을 빨라는 것이었다. 환자는 처방대로 하려고 노력했다. 환자는 매일 그 날 빨 손가락을 하나 정했다. 손을 입으로 가져갈 때마다 환자는 의식적으로 엄지손가락 대신 그 날 빨기로 한 손가락을 빨았다. 일주일도 되지 않아 환자는 더 이상 손가락을 빨지 않게 되었다.

소프트웨어를 개발하는 데는 열 손가락을 다 써야 해서 그런지, 기존의 관습을 바꾸는 일보다 훨씬 더 어렵다. 암묵적이든 공식적이든 간에 잘못된 프로세스나 일하는 습관, 관습을 바꾸기 위해서는 의식적인 노력이 필요하다. 공으로 되는 일은 없다. 쉽게 쌓은 탑은 쉽게 무너진다. 좋은 프로세스를 정착시키는 것은 결코 쉬운 일이 아니다. 하지만 그만큼 가치가 있는 일이다. 프로세스를 바꾼다는 것은 시스템을 바꾸는 일이기 때문이다. 하나의 소프트웨어를 만드는 것보다 중요한 일은 소프트웨어를 만들어 내는 영속적인 시스템을 구축하는 것이다. 많은 이들이 단기적인 목표에만 집착한다. 단지 지금 목표에 직접적인 도움이 되지 않는다는 이유로 프로세스 도입을 부정적으로 생각한다. 목표를 달성한다는 것은 단지 하나의 결과만을 바꾸는 것이다.

진짜 필요한 일은 결과를 만들어 내는 시스템을 바꾸는 것이다. 대부분의 소프트웨어 개발 프로젝트는 장기전이다. 단체 스포츠 경기에서도 한두 번은 감독이나 코치 없이 경기를 치를 수 있다. 하지만 시즌을 치르는 데 감독이나 코치가 부재하다는 것은 그냥 시즌을 포기하겠다는 것과 다르지 않다. 마찬가지로 끊임없이 장기전을 치르는 소프트웨어 개발에 있어 좋은 프로세스의 존재는 절대적으로 중요하다. 근시안적인 시각을 버려야 한다. 지속적으로 발전하는 순환 고리를 만들어야 한다. 하나의 황금알보다는 황금알을 낳는 암탉을 찾아야 한다. 하나의 황금알을 만들기 위해 각고의 노력을 기울이는 것보다 황금알을 낳는 암탉에게 단지 모이만 주는 게 훨씬 쉽지 않은가? 지나친 단순화일 수 있지만, 영속적인 시스템을 구축하는 일의 중요성은 아무리 강조해도 지나치지 않다.

한탕하고 말 것이 아니라면 황금알을 낳는 닭을 찾아보자

물론 황금알을 낳는 닭을 찾는 것은 황금알을 찾는 것보다 훨씬 더 어려울 것이다. 좋은 프로세스를 찾아서 이를 정착시키는 것에 대한 어려움은 이미 언급했다. 경험이 있는 개발자이거나 팀을 이끌어 본 리더, 혹은 관리자라면 그 어려움에 공감할 것이다. 이제 황금알을 낳는 닭을 찾았다 치고, 그 다음을 생각해 보자. 애자일이든 스크럼이든 XP든

간에 좋다고 하는 프로세스를 고르고 골라 그중 가장 적합한 것을 팀 모두의 지지를 얻어 도입했다. 일단 프로세스는 별 무리 없이 돌아가는 것처럼 보인다. 이제 황금알이 순풍순풍 나오듯 소프트웨어 개발이 아무런 문제 없이 순탄하게 이루어질 것인가?

자동화에 대한
경계

··················

하늘색으로 도배된 대형 트레일러의 측면을 하늘로 착각한 오토 파일럿 알고리즘 때문에 목숨을 잃은 테슬라 운전자의 뉴스를 기억하는지 모르겠다. 조금 오래된 사건이긴 해도 AI와 자동화에 대한 경각심을 불러 일으킬 만한 사고였다. 자동화와 AI로 인해 일상은 편해졌다. 사소한 실수를 저지를 확률은 크게 줄어들었다. 전화번호를 까먹을 일도 없고, 길을 잃을 가능성도 거의 없다. 운전을 하면서 목적지를 못 찾거나 도착 시간을 확신하지 못해 전전긍긍할 필요 또한 없다. 하지만 만약 스마트 기기가 없어지거나 전 세계의 전산망이 먹통이 된다면 세계 도처에서 대처 곤란한 일들이 우후죽순 벌어질 것이다. 스마트폰은 우리에게 스마트폰이 없을 때 해야 할 일들에 대해서는 알려주지 않는다. 우리가 가지고 있는 매뉴얼은 자동화된 프로세스가 동작하는 상태에서만 유효한 것들일 뿐, 영화가 시작하기 전에 탈출 비상구의 동선을 확인하는 사람은 흔치 않다.

첨단의 문명 세계는 기술을 선도하는 프로메테우스들이 만들었지만, 이 기술을 사용하는 것은 대부분 '나중에 생각하는 자' 에피메테우스다. 프로세스 아래에서는 에피메테우스가 일하는 데 있어 아무런 문제가 없다. '먼저 생각하는 자'인 프로메테우스형 인간들 역시 잘 동작하는 프로세스

프로세스는 톱니바퀴처럼 맞물려 돌아간다

안에서 오래 있다 보면 에피메테우스화되고 만다. 철학자 하이데거는 인간은 새로운 상황을 맞닥뜨려야 비로소 생각이라는 것을 하기 시작한다고 말했는데, 프로세스에 무작정 순응하다 보면 생각이라는 것을 할 필요가 없게 된다. 반응이 자동화되는 것이다. 인간의 본연적 특성이다. 우리 뇌는 익숙한 것을 좋아한다. 만약 어떤 대상이 점점 익숙해지지 않고 매일 새롭게 느껴진다면 우리의 작은 뇌에는 감당하기 어려운 부하가 걸리게 된다. 뇌는 항상 자동화 시스템을 만들려고 한다. 우리의 뇌는 익숙한 자극과 상황을 패턴화해서 자동 처리 시스템에 넣어두고 새로운 자극과 상황에만 반응한다. 우리는 우리의 뇌가 만든 프로세스에 맞춰 살아가고 있는 셈이다.

합의된 프로세스라면 잘 지켜야 한다. 허나 프로세스가 맹목적인 대상이 되어서는 안 된다. 프로세스든 어떠한 규칙이든 그것이 목적하는 바가 있다. 먼저 목적vision과 목표goal를 구분해야 한다. 목적이 방향이라면 목표는 일종의 이정표, 즉 마일스톤이다.

건강이라는 목적을 위해 매일 운동하는 것을 목표로 세웠다면, 12개월 헬스 회원권을 등록한 것은 하나의 프로세스를 도입한 것이다. 간과하지 말아야 할 것은 헬스장은 도구에 불과하다는 것이다. 더 좋은 툴과 방법론, 프로세스는 더 좋은 헬스장일 뿐이다. 운동이 건강에 좋다는 것을 알지만 운동하는 것을 하루 이틀 빼먹기 시작하면 결국 매일 운동하기라는 목표를 달성하지 못할 것이고, 건강을 잡겠다는 궁극적인 목적과도 멀어지게 될 것이다. 그래서 아까운 돈 때문이라도 헬스장을 가게 만드는 강제적인 프로세스를 도입한 것이고, 옆자리 동료를 꼬셔서 같이 다니기도 한다. 꾸준히 프로세스를 지키다 보면 관성화가 이루어진다. 이제 큰 저항 없이도 매일 헬스장을 다닐 수 있게 되었다. 그런데 어느 날 몸살이 났다. 이 상태에서 운동을 하면 몸이 더 아플 것이 뻔한데 헬스장을 가야 하나 말아야 하나 고민하게 된다. 그러다가 잘 만들어 놓은 관성의 법칙에 의해 가방을 챙겨 헬스장으로 향한다. 몸이 아픈 상태에도 매일 하던 루틴대로 운동을 하고 뿌듯한 것도 잠시뿐, 다음날 더 큰 몸살이 나서 이제 움직일 수조차 없다. 꼬박 며칠을 앓아 눕고 뼈저린 근손실을 경험한 후에야 아플 때는 쉬는 게 좋다는 교훈을 얻는다. 목표가 목적을 전도한 격이다. 모자란 사람들 이야기가 아니냐고 코웃음칠지도 모르겠다. 하지만 좋다는 비싼 방법론과 프로세스를 도입한 회사들에서 흔하게 보이는 일들이다.

동기화가 없는 프로세스는 악이 될 수 있다

프로세스가 있다고 원래 있던 문제가 안 생기거나 자동으로 해결되는 것은 아니다. 프로세스는 문제를 수면 위로 떠오르게 만드는 역할을 한다. 해결해야 할 중요한 일들을 적시에 처리할 수 있도록 도와주는 도우미와도 같다. 프로세스를 처음 도입하고 나면 이전보다 훨씬 더 많은 시간을 투자해야 한다. 귀찮을 수밖에 없다. 기존에 있던 문제에 새롭게 해결해야 할 이슈들이 잔뜩 생기기 마련이다. 가만히 놔둬도 될 것들에 긁어 부스럼을 만들어 놓은 것은 아닌가 생각될지도 모른다. 프로세스 자체는 본질적으로 오버헤드일 수밖에 없다. 어느 정도의 오버헤드가 필요한지 판단하는 것은 경험과 지혜의 영역이다.

문제가 생기기 시작하는 것은 이 오버헤드가 관습이 되고 난 이후다. 모든 구성원이 프로세스를 따르는 것이 당연하다고 생각하고, 불편하거나 이치에 안 맞는다고 생각하는 것들에 큰 거부감을 드러내지 않는다. 이런 상태가 되면 목표가 목적을 전도하고 있는 것은 아닌지 고민이 필요하다.

대기업의 소프트웨어 개발팀에서 일하고 있었을 때 얘기다. 그 당시 모든 개발자는 식스시그마$^{six\ sigma}$ 방법론대로 업무를 진행해야 했다. 시그마는 제품의 불량률을 의미하며 6 sigma는 통계적으로 제품의 99.99966%가 불량이 없다는 것을 의미한다. 식스시그마는 완벽한 품질을 달성하고자 하는 경영 혁신 방법론으로 제너럴 일렉트릭^{GE}의 CEO였던 잭 웰치가 도입해서 유명해졌다. 선진국의 전략을 모방하던 국내 기업들이 앞다투어 식스시그마를 도입했다. 품질을 생명처럼 여기는 제조사에서 식스시그마는 꼭 필요한 프로세스로 보였다. 회사는 식스시그마를 도입함으로써 제품의 품질을 높일 수 있었고 글로벌 컴퍼니로 한 단계 도약할 수 있었다.

하지만 시대가 변하고 있었다. 그리고 회사에 착 달라붙어 정착된 식스시그마는 형식적인 프로세스로 변질되고 있었다. 개발자 대다수에게 식스시그마는 업무와 관련 없는 전혀 쓸모없는 문서를 만들어야 하는 오버헤드 프로세스일 뿐이었다. 특히 소프트웨어 개발 부문이 문제였다. 나 역시 신입사원 시절부터 적지 않은 식스시그마 관련 산출물을 만들어냈다. 태반이 PPT 자료나 워드 문서였는데 억지로 수치를 짜 맞추느라 고민했던 기억이 대부분이다. 식스시그마는 태생이 제조업을 위한 방법론으로 소프트웨어 개발과는 맞지 않는 부분이 많다. 당시 식스시그마를 지도하던 강사나 관리자 중 소프트웨어 개발자는 아무도 없었다. 소프트웨어 개발자들은 안 맞는 옷을 몸에 억지로 끼우고 쑤셔 넣어 입고 있는 사람들처럼 보였다. 현장 업무와는 완전히 동떨어진 보여주기식 산출물들만 늘어났다. 소프트웨어의 비중은 점점 늘어나고 창조적 역량을 요구하면서 옛날 제조업의 품질 개선 프로세스를 고집하는 것은 누가 봐도 이상한 그림이었다. 결국 회사는 2010년 들어 이런 사태를 감지하고 식스시그마를 철폐하기에 이르렀다. 하지만 여전히 식스시그마를 추종하는 대기업들도 있다. 태생이 악인 프로세스나 방법론이 없듯이 식스시그마 역시 품질을 향상시키는 것을 목적으로 하는 좋은 프로세스다. 하지만 21세기 산업 흐름과는 맞지 않다는 견해가 지배적이다. 경영학의 구루 중 한 명인 게리 해멀은 "식스시그마는 20세기 모델"이라며 평가절하한 바 있다. 여기서 식스시그마가 여전히 좋은 프로세스인지 아닌지는 의미 없는 논쟁거리다. 모든 것은 변한다. 기술이 변하고, 업계도 변하고 프로세스 역시 변한다. 문제는 프로세스를 다루는 인식이 변하지 않는 것에 있다.

프로세스 도입에는 모두가 신중하다. 새로운 툴이라고 그냥 남들이 좋다고 해서 체감하지도 못하는데 덜컥 사용하는 어리석음은 이제 흔치 않다. 소프트웨어 개발 방법론이 첨단 기술에 종속적인 부분이 많기 때문에 새로운 방법론과 프로세스에 민감한 경향은 있다. 하지만 잘 알지도 못하면서 신상 구입하듯 사용하는 경우는 드물다. 개발 플랫폼이나 더 작게는 개발 프레임워크를 도입하는 데 많은 검토와 고민이 뒤따르는 것과 마찬가지로 프로세스 도입에는 많은 것들이 고려된다. 가장 좋은 프로세스는 현재 조직에서 오랜 시간 검증된 최선의 방법론이다. 하지만 이 역시 언제까지나 최선의 방법론일 수는 없다. 시대가 변하고 세계가 변한다. 기존 프로세스를 지속적으로 모니터링하면서 현재의 개발 조직과 조직의 궁극적인 목적에 끊임없이 동기화시키는 과정이 필요하다.

프로세스
도입의 적기

....

프로세스 도입에 적기란 없다. 가장 좋지 않은 것은 모든 것이 최악으로 내려앉은 다음 모든 것을 통째로 바꾸려 하는 것이다. 이것은 도박이다. 최고의 프로세스를 도입한다 해도 그 결실을 얻기까지 인내하기 어려운 시간을 참아내야 한다. 프로세스와 방법론은 만병통치약이 아니다. 결코 단기간에 가시적인 성과를 기대할 수 없다. 최악으로 치달을 때까지 상황을 수습하지 못했더라도 모든 것을 한꺼번에 바꾸려고 해서는 안 된다. 썩은 부분은 과감히 도려내야 하지만 변화는 구성원들의 호응과 지지가 없이는 지속될 수 없다. 역사적으로 혁명은 겉으로 보기에 국가와 사회가 최악의 상태에 있을 때 삽시간에 터져 나오고, 우레와 같이 성공하는 것처럼 보인다. 하지만 실제 혁명은 진보 세력이 결집되고 응집되어 점진적으로 사회의 호응을 이끌어 낼 때 성공한다. 일반적인 회사나 조직에서는 최악의 상황에 직면했다고 해서 그 구성원들이 결집하거나 그들의 혁명 의식이 고취되지는 않는다.

비가 오는 날에는 지붕을 고쳐서는 안 된다. 햇볕이 쨍쨍한 날, 혹시 모를 상황에 대비해서 우산을 옆에 두고 물이 샐 만한 곳을 보수한 다음 그 위에 다른 지붕을 올리는 치밀함이 필요하다.

기계를 위한 코드,
인간을 위한 코드

✿

간단하지 않은 것이 무엇인가?
간단한 일을 모두 잘해내는 것이 바로 간단하지 않은 것이다.
평범하지 않은 것이 무엇인가?
평범한 일을 모두 잘해내는 것이 바로 평범하지 않은 것이다.

중국의 기업인, 장루이민

표기법과
코딩

훌륭한 **표기법**은 모든 불필요한 일을 덜어줌으로써 좀 더 높은 수준의 문제에 자유롭게 집중할 수 있도록 해 주며, 실제로 **인류의 지적 능력을 고양시킨다. 어떤 업계든 그 속에서 쓰이는 기술적인 용어**들은 사용법을 훈련받은 이들이 아니면 이해하기 힘든데, 이 용어들이 어렵기 때문에 그런 것은 아니다. 오히려 그런 용어들은 언제나 일을 더 쉽게 만들 목적으로 고안되어 왔다.

위 글은 영국의 철학자이자 수학자인 알프레드 노스 화이트헤드가 저서 <An introduction to Mathematics>에 쓴 내용이다. 여기서 몇 개의 단어를 바꿔 보자.

> 훌륭한 **코딩**은 모든 불필요한 일을 덜어줌으로써 좀 더 높은 수준의 문제에 자유롭게 집중할 수 있도록 해 주며, 실제로 **개발자의 문제 해결 능력을** 고양시킨다. 소프트웨어 개발에 쓰이는 **프로그래밍 언어와 전문 용어**들은 사용법을 훈련받은 이들이 아니면 이해할 수 없는데, 이 용어들이 어렵기 때문에 그런 것은 아니다. 오히려 **프로그래밍 언어와 소프트웨어 전문 용어**들은 일을 더 쉽게 만들 목적으로 고안되어 왔다.

'모든 불필요한 일'은 말 그대로 할 필요가 없는데 어쩔 수 없이 해야 하는 일을 말한다. 코드를 만들어 넣기 위해서는 먼저 기존 소프트웨어와 그 코드를 이해해야 하는데, 개발자들은 이리저리 얽히고설킨 스파게티 코드를 해독하느라 많은 시간을 소모하고 있다. 이것은 '일을 더 쉽게 만들 목적으로 고안되어 온 프로그래밍 언어'의 취지에 어긋나는 것이다.

지금 읽고 있는 이 책의 문장들을 한번 보자. 훌륭하게 쓰였다고 자화자찬할 수 없으나, 읽고 이해하기에는 그리 무리가 없을 것이다. 그 이유는 글의 문장들이 문어文語의 규칙들을 준수하고 있기 때문이다. 그중 하나는 띄어쓰기다. 사실 띄어쓰기를 하지 않더라도 문장을 이해할 수는 있다. 많은 이들이 온라인 메신저로 짧은 문장을 작성할 때 띄어쓰기를 하지 않거나 소리 나는 대로 쓰는데, 서로가 교감하고 있는 상황이라면 이해하는 데 큰 무리가 없는 경우가 대부분이다. 하지만 이 책의 문장 전체에 띄어쓰기가 없다면 어땠을까? 아마 당신은 한쪽도 읽지 않고 책을 집어 던졌을 거다.

오늘날 우리가 보는 모든 책들은 띄어쓰기가 되어 있지만 옛날 책들은 그렇지 않았다. 읽는 순서가 위에서 아래로 쓰여진 조선시대 한자 책만 봐도 그렇다. 조선시대를 배경으로 하는 드라마를 보면 학당의 꼬마들이나 초롱불을 켜 놓고 과거 준비를 하는 선비나 모두 책을 소리 내서 읽는 장면이 나온다. 어릴 적에는 그런 모습이 잘 이해가 되지 않았다. 학당의 꼬마들이야 그렇다 치더라도 나이 지긋한 선비가 과거 준비를 한답시고 양반다리를 하고 앉아 공자왈 맹자왈 소리 내서 책을 읽는 모습이 우습기까지 했다. 졸려서 잠을 쫓기 위해 책을 소리 내서 읽나 보다 정도로 생각했다. 하지만 소리 내서 책을 읽고 내용을 이해하는 것은 그 당시에는 자연스러운 모습이었다.

서양도 마찬가지였다. 소리 내지 않고 책을 읽는 묵독은 거의 없고 천천히 소리 내서 읽는 낭독이 책을 읽는 보편적인 방식이었다. 우리가 말을 할 때를 생각해 보자. 말을 할 때는 보통 단어와 단어 사이를 띄어서 말하지 않고 모든 단어를 이어서 말한다. 그래서 쓰여지는 글 역시 띄어쓰기가 없이 이어서 쓰는 것을 당연한 것으로 여겼다. 인간의 뇌 구조상 띄어쓰기가 없는 글을 읽을 때는 더 집중해야 하는데, 주변의 자극이 많으면 많을수록 책을 읽는 것이 힘들어진다. 소리 내서 읽는 것은 글을 이해하기 위한 어쩔 수 없는 고육지책이었다. 유통되는 지식이 더 많아지고 책이 더 보편화되면서 띄어쓰기를 하는 책들이 나오기 시작했다. 인쇄 혁명이 일어나고 어휘가 더 늘어나면서 어느새 띄어쓰기는 당연한 것이 되었고 사람들은 낭독이 아닌 묵독으로 책을 읽기 시작했다.

코드를 이해하기 위해 소리 내서 코드를 읽는 개발자는 아마 거의 없을 것이다. 프로그램 코드의 띄어쓰기에서 가장 기본적인 것은 들여쓰기, 소프트웨어 용어로 인덴트indent다. 띄어쓰기가 되지 않은 글을 읽기 어려운 것과 마찬가지로 인덴트가 제대로 되지 않은 프로그램 코드는 보고 이해하기 쉽지 않다. 물론 소리 내서 읽는다고 해도 일반적인 글과 달리 코드에 대한 이해도는 그리 높아지지 않는다. 코드에서의 인덴트는 일반적인 글에서의 들여쓰기와 다르기 때문이다. 단순하게 단락과 단락을 분리하는 것에 그치지 않고 추상화된 계층간 분리에 관여하기 때문이다. 모든 프로그래밍 언어는 계층적 추상화 구조를 가진다. A라는 함수나 코드라인이 B라는 함수나 코드라인을 수행한다. 이것은 B가 A에 포함된다는 것이다. 마찬가지로 B는 C를 포함한다. 따라서 C 역시 A에 포함된다. 말로 설명하면 복잡하니 이해하기 쉽게물론 사용법을 훈련받은 개발자들만 아래 C언어 코드를 살펴보자.

```c
while(loop_condition) /* A */
{
int val = get_input(); /* B */
if(val == EOF) / * B-1 */
{
set_value(val); /* C */
break;
}
}
```

단순한 코드지만, 현업에 있는 개발자들이 보면 짜증나는 코드다. 추상화 레벨을 판단하기 위해 코드의 라인들을 하나하나 확인해 봐야 한다. 이제 제대로 인덴트를 넣어 보자.

```c
while(loop_condition) /* A */
{
        int val = get_input(); /* B */
        if(val == EOF) / * B-1 */
        {
                set_value(val); /* C */
                break;
```

```
        }
    }
```

A‑B‑C의 계층 구조가 한눈에 들어온다. 인덴트는 각 구문의 추상화 레벨에 직결되는 요소다. 잘못된 인덴트는 코드 오독을 불러 일으킨다.

지금 이야기한 인덴트는 코딩에 있어 아주 기본적인 요소에 불과하다. 그밖에도 코드를 이해하기 어렵게 만드는 숱한 요인들이 있다. 해당 프로그래밍 언어가 제공하는 기본적인 규칙만 잘 지켜도 코드의 가독성은 한층높아진다. 비록 코드 문법을 체크해 주고 리팩토링을 지원하는 여러 가지도구와 툴이 존재하지만 개발자가 얼마만큼 신경을 쓰느냐에 따라 코드의가독성이 결정된다.

해커
그리고 프로그래머

....

　　　　1960년대 매사추세츠 공과대학MIT에서 시작된 해커 문화는 소프트웨어의 발전에 큰 영향을 주었다. 여전히 해커 문화를 동경하는 개발자들이 많다. 60, 70년대 미국의 해커들은 컴퓨터로 예술을 할 수 있다고 믿었다. 그들에게는 코드 자체가 예술이었다. 하드웨어를 최적으로 제어하기 위해 코드는 괴상망측하게 만들어져도 아무 상관이 없었다. 지금과는비교도 할 수 없이 열악한 컴퓨팅 성능을 뽑아내기 위해 해커들은 모든 노력을 쏟아 부었다. 메모리를 가능한 한 적게 사용하고, 동일한 컴퓨터로 다른 해커의 프로그램보다 더 빨리 동작할 수 있는 코드를 만들어 내는 것이 지상 최고의 과제였다. 최대한 어셈블리 명령어를 적게 써서 동일한 기능을 더 빠르게 구현하려는 시도들로 인해 알고리즘이 발달했다. 모든 코드는 공유되었기에 해커들은 다른 해커가 짜 놓은 코드를 보면서 감탄하고 그 안에서 예술과 아름다움을 발견했다. 그들만의 세상이었다. 자기 코드에 주석을 달아 놓는 해커는 거의 없었다. 프로그램은 더 빠르고 더 효율적으로 작동하면 그만이었다. 코드가 복잡하면 복잡할수록 프로그램의 성능은 높아졌고 이것이 코딩 예술의 척도가 되었다. 즉, 프로그램의 예술과 미는 해커만이 알 수 있는 전유물이었고, 코딩은 완벽하게 컴퓨터의 관점만을 반영했다. 1960년대 초 MIT에 입학한 스튜어트 넬슨은 이런 해커 중에서도 최고의 천재 해커였다. 스티븐 레비는 그의 책 <해커스>에서 스튜어트 넬슨과 다른 천재 해커였던 에드 프레드킨과의 일화를 묘사한 바 있다.

스튜어트 넬슨은 최대한 빠르게 낙서하듯 프로그램을 적으며 혼자 달려나갔다. 프레드킨은 마침내 호기심을 못 이기고 넬슨이 개발한 프로그램을 들여다보았다. 믿을 수가 없었다. 코드는 괴상했다. 무슨 소린지 감도 안 오는, 하위 루틴들이 얽히고 설킨 미친 조각처럼 보였다. 그럼에도 불구하고 코드가 돌아가리라는 사실은 명백했다. 프레드킨은 참지 못하고 소리쳤다.

"스튜! 도대체 왜 이렇게 개발했지?"

넬슨은 예전에 PDP-6에서 비슷한 프로그램을 개발했었다고 설명했다. (중략) 넬슨은 머릿속으로 기계어 명령어를 그대로 압축하는, 그래서 작업 결과물을 최소로 줄이는 경지에 이르렀던 것이다.

이제 이런 코딩은 거의 필요 없는 시대다. 아니, 오히려 나쁜 코딩이다. 다른 개발자가 전혀 건드릴 수 없지만 완벽하게 동작하는 코드라면? 그건

하드웨어지 소프트웨어가 아니다. 프로그래밍 언어는 기계를 동작시키기 위해 탄생했으나 현재 대다수의 개발자들이 쓰고 있는 프로그래밍 언어는 기계의 존재와 무관하다고 볼 수 있다. 그래서 프로그래밍 언어 역시 사람들을 위한 언어와 다르지 않다. 프로세서의 성능이 떨어지고 메모리 용량이 수 킬로바이트^{KB}밖에 되지 않던 시절에는 작고 최적화된 코드를 쥐어짜내기 위해 개발자들 역시 머리를 쥐어짜내야 했다. 1960~70년대뿐만 아니라 저사양 임베디드 소프트웨어 산업군에서는 근래까지도 유효했던 코딩 패러다임이었다. 하지만 시대가 변했다. 코드 최적화는 사람보다는 기계가 훨씬 더 잘한다. 그리고 머리를 쥐어짜서 얻을 수 있는 프로세서의 성능 개선과 메모리의 비용 역시 미미하다. 이제 기계에 대한 배려보다는 사람에 대한 배려가 필요하다. 사람들을 깜짝 놀라게 할 만한 문구를 만들어 낸다고 글을 잘 쓰는 게 아닌 것처럼 코딩할 때 뭔가 '생뚱맞게', 머리 좋다고 자랑하는 '갑툭튀' 코드가 좋은 것이 아니다. 전체와 어우러지면서 모두를 위하는 그런 코드가 필요하다.

맥락에 맞는
코딩

···············

　　마이크로소프트의 창업자 빌 게이츠는 프로그래밍 능력을 테스트하는 좋은 방법 중 하나가 프로그래머에게 30페이지 정도의 코드를 건네 주고서 그 사람이 얼마나 빨리 그 코드를 통독하고 이해하는지 보는 것이라고 말했는데, 여기에는 중요한 전제가 필요하다. 바로 정상적인 코드라는 전제이다. 좋은 코드나 좋은 글의 공통점은 읽는 흐름이 끊기지 않는다는 것이다. 읽는 흐름이 끊긴다는 것은 어떤 대목에 이르러 인지부조화 현상이 발생하기 때문이다. 자연스럽게 A가 나와야 하는 대목에서 난데없이 B가 툭 하고 튀어나오는 식이다. 한마디로 맥락이 맞지 않는 코드다.

이어지는 코드가 추상화 레벨이 다르거나 이전의 맥락에 맞지 않는 엉뚱한 기능을 수행하면 심한 인지부조화가 발생한다. 이보다 더 심하고 더 흔하게 개발자들을 괴롭히는 인지부조화의 주범은 함수와 변수의 잘못된 이름이다. 함수와 변수는 그 사용되는 의도에 맞게 이름이 부여되어야만 한다. 또한 함수와 변수는 그 이름대로만 사용이 되어야 한다. 이것은 글쓰기와 다르지 않다. 코딩이나 글쓰기에서 명료성은 생명과도 같다. 특정 변수가 무엇을 하는 녀석인지 찾기 위해 다른 코드를 이 잡듯 뒤져야 한다면 그 코드의 점수는 빵점이다.

a나 b 같이 정체불명의 이름 대신에 video_frame_count라고 쓴다면 좋은 코딩이다. 이름이 길어서 타이핑하기 힘들다면 count까지만 쓰는 것도 괜찮다. 하지만 count가 커버하는 코드의 범위를 꼭 고려해야 한다. 작은 범위에서만 사용된다면 짧은 이름이 더 나을 수도 있다. 하지만 넓은 범위에서 여기저기 사용되는 변수라면 가능한 한 그 이름이 정확해야 한다. 여기서 한 가지 더 중요한 것이 있다. video_frame_count라는 변수가 비디오 프레임의 카운트, 즉 누적횟수를 기록하는 용도가 아닌 비디오 프레임의 식별 번호로 쓰인다면 나쁜 코딩이다. 차라리 a나 b를 사용하는 것이 낫다. 오해를 불러일으키는 코드가 이해하기 어려운 코드보다 나쁘다. 변수와 함수의 이름은 그 용도를 직접적으로 나타내야 한다. 위 경우 변수의 이름을 video_frame_id, 또는 video_frame_number와 같은 식으로 꼭 바꿔야 한다. 당연한 것 아니냐고 반문하는 개발자라면 정상적인 개발자들이다. 하지만 내가 직접 겪어본 바로는 비정상적인 개발자가 정상적인 개발자만큼이나 많다. 프로그램의 동작이 이상해서 get_data라고 되어 있는 함수를 들여다보니 데이터 수신get_data을 하긴 하지만 데이터 송신send_data까지 하고 있는 것을 목격하는 일은 개발을 하면서 숱하게 직

면하는 일상사다.

맥락에 맞지 않는 코드는 오독을 불러 일으키고 결과적으로 잘못된 코드가 추가되는 문제를 낳는다. 다른 개발자들이 코드를 잘못 사용해서 버그가 계속 발생한다. 결국 꼼수와 땜빵이 코드에 난무한다. 어떻게 수정해야 하는지 답이 전혀 보이지 않는 코드가 있다. 코드에 배려심이라고는 찾아볼 수 없다. 버리고 다시 만들고 싶지만 그 결정을 하기는 쉽지 않다. 차선책으로 리팩토링을 택하는데, 리팩토링은 문제가 불거져 나와서 어쩔 수 없을 때 택하는 고육지책이 아니다. 리팩토링은 개발 도중에 자연스럽게 수시로 일어나야 하는 코딩 행위의 일종이어야만 한다. 처음 설계하고 구현할 때부터 단순함을 지향해야 한다. '나중에'라는 단어는 소프트웨어 개발에서 거의 지키기 어려운 말이다. 처음부터 함수, 변수의 이름과 같은 기초적인 것들부터 명료성을 높이려는 노력이 필요하다. '명료성의 최대화'를 소프트웨어 개발, 특히 코딩에 있어 필수적인 신념으로 만들어야 한다.

'명료성의 최대화'를 명심하고 있다 해도, 한 개인이 당장 본인이 코딩하는 데 있어서 뭔가 가시적인 개선 효과를 만드는 것은 쉽지 않다. 그냥 잘 해보자는 생각은 금방 수그러드는 것이 인지상정이다. 어떤 팀이든 제대로 된 팀이라면 코딩 컨벤션 규칙을 가지고 있을 것이다. 없다면 당장 그것부터 만드는 게 좋다. 코딩 컨벤션을 숙지하고 본인의 개발에 적용하고 수시로 검토한다면 팀을 위한 좋은 코드를 만들 수 있다. 팀의 코딩 컨벤션 역시 다 함께 지키고 토론을 통해 더 효율적이고 훌륭한 규칙으로 다듬을 수 있다.

개발자 커뮤니케이션:
명료성과 배려라는
두 마리 토끼 잡기

디지털 시대
소통의 현실

········

    소프트웨어 개발 방법론 중 하나인 익스트림 프로그래밍^{XP}은 다섯 가지 가치를 중요시한다. 의사소통, 단순성, 피드백, 용기와 존중이다. 이 다섯 가지 중 무려 네 가지가 소통에 직접 관련이 있거나 소통을 위해 필요한 것들이다. 더 엄밀히 말하면 사람과 사람 사이의 소통에 대한 것이다. 나머지 하나인 단순성도 크게 보자면 소통에 있어 필요하다고 볼 수 있다. 소프트웨어 개발 방법론에서 효율과 같은 여타 다른 요소들보다 소통을 우선시하는 이유는 현대의 소프트웨어가 협업이 없이는 불가능한 복잡도와 규모를 가지고 있기 때문이다. 개발 방법론은 다같이 하나의 소프트웨어를 어떻게 하면 잘 만들 것인지에 대한 고민에서 나온 것이다. 의사소통, 피드백, 용기, 존중은 인간을 위한 가치들이다. 이 단어들에는 사람

냄새가 물씬 배어 있다. IT와 소프트웨어는 다른 어떤 산업군과 비즈니스 분야보다 더 빠르게 변화하고 격동하는 세계다. 그렇지만 그 근간에는 인간을 위한 확고한 가치가 자리매김하고 있다.

코로나는 이 세계의 많은 것들을 바꿔버렸다. 이제 언택트 시대다. 안 그래도 메타버스와 같은 가상현실과 증강현실 기술의 발전으로 언택트 문화는 우리의 삶에 그 지반을 넓히는 중이었다. 그러던 중 느닷없이 찾아온 100 나노미터밖에 되지 않는 불청객으로 인해 인류의 생활 양식은 때이른 일대 전환을 맞이하게 되었다. 재택근무나 화상회의가 일상이 되었다. 메신저로 업무를 논의하고 클라우드로 모든 데이터와 업무 자료를 주고받는다. 소스코드를 수정해서 시스템에 업로드하면 자동으로 분석과 빌드, 테스트가 이루어지고 소프트웨어 배포까지 일사천리로 진행된다. 모든 소통과 연결이 네트워크를 통해 디지털로 이루어지는 이 시대에 대면 소통과 대화는 얼핏 불필요해 보이기까지 하다.

우리가 하는 거의 모든 일들이 연결과 소통을 필요로 한다. 비대면이라 하더라도 소통의 끝과 끝에는 사람과 사람이 있다. 언택트 문화가 고착화됨으로 인한 부작용 중의 하나는 디지털과 네트워크 그 건너에 있는 사람의 존재에 대해 무감각해질 수 있다는 것이다. 언택트 업무 프로세스에서 의사소통과 피드백은 직접 대면할 때보다 더 빠르게 이루어진다. 이는 고도로 갖춰진 업무 환경 덕분이다. 하지만 용기와 존중은 사라지고 있다. 남들로부터 받아들이는 것들에는 엄격하면서 정작 다른 이들에게 내보내는 것들에는 배려가 결여되어 있다.

온라인으로 다른 개발자들과 협업을 하다 보면 많이 생기는 상황 중의 하나가 '한쪽에서는 되는데, 다른 한쪽에서는 되지 않는' 문제다. 코드를 구현하고 프로그램을 빌드해서 문제없이 동작하는 것을 확인하고 코드나 라이브러리를 시스템에 업데이트한다. 해당 업데이트를 적용한 다른 개발자가 문제가 있다는 리포트를 보내온다. 자신의 개발 환경에서 재차 확인해 보지만 아무런 문제가 보이지 않는다. 그래서 이렇게 얘기한다.

> *"제 쪽에서는 아무런 문제가 없는데요?"*

그럼 상대방은 이렇게 응수한다.

> *"(그건 모르겠고) 제 쪽에서는 문제가 있는데요?"*

분명 문제는 둘 중 하나에 있다. 다른 쪽에서의 문제를 해결해 주기 위한 노력이 아닌, 자기 쪽에 문제가 없다는 것을 증명하려는 노력이 우세할 때 결국 개발 프로젝트는 산으로 간다.

사람을 향한
소통

······················

인간은 'HELF'라고 써 있어도 'HELP'라고 인지한다. 흔히 '유도리'라는 말을 쓴다. 일본어 유토리에서 온 단어인데 융통성을 의미한다. 개떡같이 말해도 찰떡같이 알아먹는다는 건데, 소프트웨어도 이런 융통성이 있는 소프트웨어가 좋은 소프트웨어다. 소프트웨어에서는 이런 융통성을 로버스트니스^{robustness}라고 한다. robustness는 견고함이나 강건함이라는 뜻인데, 소프트웨어가 robustness하다는 것은 그 동작이 경직되어 있지 않고, 여러 상황에 잘 대응이 되는 것을 의미한다.
대표적인 네트워크 전송 프로토콜인 TCP/IP는 이런 융통성이 잘 고려된 기술이다. TCP의 초기 모델은 미국의 컴퓨터 과학자인 존 포스텔이 개발했다. 존 포스텔은 TCP 모델을 설계할 때 견고함의 원칙robustness principle이라는 것을 도입했다. 이 견고함의 원칙은 "자신이 행한 일은 엄격하게 하고, 남에게 받는 것은 너그럽게 받는 것"이다. 외부로 전송하는 데이터는 사전에 정해진 규약에 따라 확실하게 데이터를 갖춰서 내보내고, 외부로부터 받는 데이터는 그 의미만 명확하다면 조금 명세에 어긋나더라도 융통성 있게 포용하는 것이다. 자신에게 엄격하지만 남들에게는 너그러운 것 - 이것은 톨레랑스tolerance, 즉 관용의 법칙과 같다. tolerance 역시 소프트웨어에서 많이 사용되는 개념으로 tolerance가 부족하면 부족할수록 소프트웨어의 경직도는 증가한다.

포스텔의 TCP 모델에서 채택한 장애 허용 시스템Fault tolerance system 때문에 인터넷 통신은 더 활발하고 안정되게 이루어질 수 있었다. 포스텔이 명명한 이 견고함의 원칙은 다른 소프트웨어 분야에도 큰 영향을 주었다. 그 영향을 받은 대표적인 프로그래밍 언어가 오랜 기간 웹개발을 지배해 온 HTML과 CSS다. 이 언어들은 관용적인 오류 처리 구조를 가지고 있다. 이는 다른 여러 종류의 인터넷 브라우저와 서버 시스템 간의 호환성을 증대시켰다.

밖으로 내보내는 소통은 명확해야 한다. 여기서 고려해야 할 것은 그 소통의 대상이 외부 조직인가 아니면 같은 내부 조직인가 하는 것이다. 개발자의 경우 개발팀에서 소통할 때와 외부 고객과의 소통에 있어 명료성의 기준은 달라진다. 우선 개발 내부적으로 소통할 때는 자연적인 언어보다는 명료성이 있는 전문 용어를 사용한다. 개발팀은 정해진 기술과 규약의 세계다. 의사나 법률가들과 마찬가지로 전문 용어를 사용해서 명료성을 극대화시켜야 한다. 문서나 대화로 하는 소통이건 코드를 통해 주고받는 소통이건 다 마찬가지다. 개발 관련 문서를 보면 보통 맨 앞에 용어 및 약어에 대한 정의가 나오는데, 이를 숙지해야 문서를 잘 이해할 수 있는 것처럼 개발 내부적인 소통에서는 상호 합의된 전문 용어를 기반으로 소통이 이루어져야 한다. 만일 조직과 팀이 아직 이런 단계에 이르지 못했다면 상호 이해가 확실한 의사소통 단계를 먼저 구축하는 것이 우선이다. 프로젝트 용어 사전이나 팀 개발 용어 위키와 같은 것을 만드는 것이 한 방편이다. 또한 개발 내부에서는 문서보다는 대화를 통해 소통하는 편이 낫다. 빠르고 효율적이기 때문이다. 업무를 공유하기 때문에 실시간 모니터링이 가능하다. 물론 확인 및 피드백이 원활히 이루어져야 행여 잘못 끼운 첫 단추가 있더라도 빨리 조치할 수 있다.

반면 개발 외부 조직과의 소통은 대화보다는 문서와 같은 공식적인 매체를 통해 이루어지는 것이 바람직하다. 공식적인 증거가 필요하기도 하지만, 내부 개발팀과 달리 업무 공유가 쉽지 않기 때문이다. 내부 개발 조직에서의 소통과 마찬가지로 고객과의 소통에 있어 용어의 선택은 중요하다. 외부와의 소통은 전문 용어의 세계가 아닌 보편성의 세계. 소통의 명확성을 확보하기 위해 전문 용어보다는 쉽게 이해할 수 있는 보편적인 용어를 사용하는 것이 좋다.

스티브 잡스는 아이폰에 적용한 디스플레이를 '레티나^{Retina} 디스플레이'라고 발표한 바 있다. 레티나는 망막을 의미하는 생물학적 용어다. 사람의 눈이 식별할 수 없는 픽셀 수를 매직넘버라고 하는데, 보통 10~12인치 떨어진 거리 기준 1인치 당 300픽셀이 대표적인 매직넘버. 보통 스마트폰을 손에 들고 볼 때 스마트폰 화면 1인치당 300픽셀이 넘어가면 인간의 눈으로 볼 때 자연적인 대상과 별 차이가 없다는 것이다. 레티나라는 단어는 망막으로 보는 것과 다르지 않다는 것을 강조한 것으로 인간지향적인 용어 선택의 좋은 예로 평가받고 있다.
외부로 나가는 소통을 명료하게 하는 것, 외부로부터 받는 소통에 있어 최대한의 융통성과 관용을 보이는 것, 이 두 가지를 두 글자로 표현하면 바로 '배려'다. 개발 커뮤니케이션이든 일반적인 커뮤니케이션이든 가장 중요한 것은 배려다. 나보다 남을 먼저 생각하는 것이 배려다. 자신의 하는 일에 대해서는 높은 기준을 세우고, 다른 이들에게는 보다 유연하고 관용적인 기준을 적용하는 것이다. 물론 쉽지 않다. 그렇지만 어려운 만큼 가치가 있다. 코딩 역시 일종의 커뮤니케이션이다. 명료성과 배려가 높아질수록 훌륭한 코드다. '나는 문제없어, 그러니까 네 문제겠지'가 아닌 우리의 문제로 접근한다면 산으로 가던 프로젝트를 다시 원 궤도로 돌려 놓을 수 있다.

1800년대 후반, 인도의 어느 기차역.

한 젊은이가 출발하려는 기차에 급하게 올라타느라 신발 한 짝이 벗겨졌다. 신발 한 짝만 신은 채 기차에 올라탄 젊은이는 바로 남은 한 짝의 신발을 벗어서 기차 밖 플랫폼으로 내던졌다. 그 모습을 보고 있던 옆 사람이 젊은이에게 물었다.

"왜 남은 신발 한 짝을 밖으로 던지는 거요?"

젊은이는 대답했다.

"한 짝밖에 남지 않은 신발은 이제 내겐 쓸모가 없습니다. 하지만 두 짝 모두 버려진다면, 그걸 주운 누군가에게는 쓸모가 있지 않겠습니까?"

인도 건국의 아버지인 마하트마 간디의 젊은 시절 일화다. 사실 소프트웨어 개발을 하다 보면 자기 일만 하기 바빠서 자기 신발을 엉망으로 집어던지거나 신발을 신은 채로 코드에 까만 발자국을 남기기 일쑤다. 그래도 세상은 아직 살기 좋은 곳인지 그런 엉망으로 흐트러진 신발코드을 정리하

거나 남들이 남긴 시커먼 발자국^{버그}을 아무 불평 없이 닦아내는 천사와 같은 개발자들도 있다. 그런 개발자들은 훌륭한 인품만큼이나 일도 잘한다. 물론 커뮤니케이션도 훌륭하다. 좋은 개발자들은 함께 일하면 어려운 일도 함께 해결할 수 있다는 믿음을 가지게 해 준다. 개발 세계에서 배려는 다른 개발자를 따듯하게 만들지만, 당사자 또한 따듯하게 만든다. 젊은 날에 자기밖에 몰랐던 사람도 나이가 들어감에 따라 세월의 지혜가 쌓이고 인생의 겸손함을 깨닫게 되면서 삶에 배려가 깊숙이 스며들기도 한다. 개발자 역시 마찬가지다. 개발 경험과 배려심은 비례해야 마땅하다.

넷플릭스의 철학: 규칙 없음! 단, 솔직하게!

2000년대 초만 하더라도 넷플릭스는 작은 회사에 지나지 않았다. 넷플릭스의 경영진은 회사를 매각하기 위해 당시 미국에서 가장 큰 비디오 렌털 업체였던 블록버스터와 미팅을 가지게 되었다. 그 자리에서 넷플릭스의 CEO였던 리드 헤이스팅스는 넷플릭스의 매각 대금으로 5천만 달러를 요구했다. 만나 주는 것만으로도 아량을 베풀어 주었다고 생각한 블록버스터 측으로서는 황당한 요구였다. 6만 명의 직원과 수백만 명의 고객을 보유한 블록버스터는 당시 이미 홈 무비의 동의어로 취급받고 있었으니, 넷플릭스 같은 신생 업체에서 5천만 불을 요구하는 것은 상식적으로 어이없는 일이었다. 블록버스터는 제안을 일언지하에 거절했다. 상식적인 대응이었다.

그로부터 10년의 시간이 흘렀다. 블록버스터는 파산을 선언했고 이제 넷플릭스는 스트리밍 서비스로 전 세계를 석권하고 있다. 넷플릭스가 기업 공개를 하던 2002년 1달러에 불과했던 주가는 현재 407달러^{2022/02/15}에 거래되고 있다. 이제 사람들은 TV 대신 유튜브와 넷플릭스를 본다. 개발자들에게도 넷플릭스는 가고 싶은 최고의 직장 중 하나다.

왜 블록버스터는 파산을 하고 넷플릭스는 이런 찬란한 시절을 맞이할 수 있었을까? 시장이 DVD 대여로부터 스트리밍으로 넘어가는 흐름을 받아들이지 못한 것이 블록버스터의 패착이자 넷플릭스의 성공 요인이라고 말하는 것은 수박 겉핥기에 불과하다. 그럼 왜 블록버스터는 변화에 적응하지 못했고, 넷플릭스는 빠른 변화에 적응할 수 있었던 것일까?

넷플릭스의 CEO인 헤이스팅스는 그 이유를 넷플릭스만이 가지고 있는 기업 문화에서 찾는다. 자기 회사니까 자기네 기업 문화가 우월하다고 말할 수 있다. 헤이스팅스의 말을 좀 더 들어보자. 헤이스팅스가 말한 바를 그대로 옮기면, 넷플릭스 문화의 핵심은 절차보다 사람을 중히 여기고, 능률보다 혁신을 강조하며, 통제를 최대한 자제하는 것에 있다. 인재 밀도 talent density를 기반으로 최고의 성과를 올리고 통제가 아닌 맥락으로 직원들을 이끄는 기업 문화 덕분에 세상의 요구에 맞춰 변화할 수 있었다는 것이다. 대단하다는 생각이 드는가? 솔직히 말해서 참신하거나 딱히 새로운 것은 없는 것 같다. 어느 기업이나 인재를 중히 여기고, 통제보다는 주도성을 장려하고, 밤낮으로 혁신을 부르짖고 있지 않은가? 미국에서 한때 엄청나게 잘 나가던 어떤 기업의 본사 로비에는 다음과 같은 가치를 최고로 여긴다는 문구가 걸려 있었다.

'진실, 소통, 존중, 탁월'

이 회사는 2001년 부정회계와 사기, 부패로 몰락한 거대 기업 엔론이다. 말로만 떠드는 것은 아무나 할 수 있다. 중요한 것은 실제로 그 가치를 지키고 있느냐 하는 것이다. 대부분 기업의 비전과 가치는 엔론 본사 로비에 걸려 있었던 것처럼 액자와 기업 홈페이지에만 존재한다. 기업의 대부분 직원은 아무도 자기 회사의 비전을 믿지 않는다. 허울뿐인 비전은 경영진 마음 속에도 존재하지 않는다. 엔론은 외부에게뿐만 아니라 스스로에게 솔직하지 못했던 것이다. 오래전 지금의 초등학교가 국민학교라 불리던 시절 아침 국민의례 시간에 조국의 무궁한 영광을 다짐했던 초등학생이 몇이나 있었을까 상상해 보라. 어른들의 세계 역시 더하면 더했지 별반 다르지 않다.

솔직한 커뮤니케이션

    넷플릭스의 기업 문화는 CEO인 리드 헤이스팅스가 쓴 <규칙 없음>이라는 책의 제목이 그대로 대변한다. 다시 언급하자면 규칙이 아닌 맥락으로 사람들을 이끌고 커뮤니케이션하는 것이 넷플릭스의 기업 철학이자 문화다. 제대로 된 '어떻게'가 수반되지 않는다면 구호로만 그칠 뿐이다. 그래서 '규칙 없는' 넷플릭스에서 가장 중요한 규칙은 이것이다. *먼저 모두가 솔직해져야 한다는 것이다.* 호박씨 까지 말자는 것이다. 기업의 비전이 사람들의 마음속이 아니라 액자 속에만 있다면 그 사실을 서로가 솔직하게 인정하고 자신들에게 맞는 비전과 가치를 밑바닥부터 다시 찾아야 한다.

넷플릭스에서는 아무리 뛰어난 인재라도 회사의 가치와 맞지 않으면 솔직하게 피드백을 주고 바로 내보낸다. 솔직하지 못한 직원 역시 마찬가지다. 넷플릭스는 사내 커뮤니케이션에서 다른 어떤 무엇보다 솔직한 피드백을 최우선시한다. 배려라는 그림자에 숨어서 진실을 오도하는 것을 넷플릭스는 원하지 않는다. 그것은 진정한 배려가 아니다. 상하를 막론하고 솔직하게 서로에게 피드백을 제공하자는 것이 넷플릭스의 커뮤니케이션 문화의 핵심이다. 한마디로 임금님에게 벌거벗었다고 말하라는 것이다. 돌려 말하기를 인간이 추구해야 할 도리 중의 하나로 취급하는 동양 문화권에서는 쉽게 받아들이기 힘들다. 넷플릭스의 CEO 헤이스팅스는 솔직함이라는 문화가 넷플릭스를 최고의 회사로 만든 가치라고 말한다. 모든 조직의 핵심은 커뮤니케이션이고, 피드백 회로가 활발하게 동작할 때 조직과 업무는 개선된다. 피드백 회로는 조직, 프로젝트, 개발에 있어서 아주 중요한 핵심 요소라고 할 수 있다. 그렇다면 무조건 솔직하기만 하면 되는가?

"프로그램 코드를 아주 엉망으로 짜 놓으셨네요. 저로서는 상상조차 할 수 없는 수준의 저질 코드네요."

이런 솔직함이 좋다는 것인가? 여기에 대해 넷플릭스는 4A 피드백 지침을 마련해 놓았다.

피드백을 줄 때	
Aim to assist	도움을 주겠다는 생각으로 하라. 피드백은 선의에서 비롯되어야 한다.
Actionable	실질적인 조치를 포함하라. 피드백은 받는 사람의 행동 변화에 초점을 맞춰야 한다.

피드백을 받을 때	
Appreciate	감사하라. 변명 대신 스스로를 돌아보라.
Accept or discard	받아들이거나 거부하라. 어떤 피드백이든 일단 듣고 생각해 봐야 한다. 반드시 따를 필요는 없다.

4A 피드백 지침

핵심은 선의가 있는지 없는지에 있다. 본인은 선의라고 생각하지만, 실제로는 잘난 척하는 것일 수 있다. 그래서 넷플릭스가 제일 싫어하는 직원 유형은 똑똑한 왕재수들이다. 넷플릭스는 똑똑한 왕재수는 쫓아낸다. 대부분 회사에서는 재수없게 말해도 똑똑하고 일 잘 하면 냐두지만, 넷플릭스란 회사에서는 솔직함이라는 문화를 정착시키기 위해 왕재수들은 척결되어야 하는 대상에 불과하다.

'진짜 규칙 없음'은 회사의 솔직함과 개인의 솔직함이 만날 때

왕재수들을 걸러내고 솔직하고 진정성 있는 피드백을 서로에게 줄 수 있는 사람들을 찾는 것이 넷플릭스 인사 정책의 핵심이다. 서로가 솔직해져야만 경영진은 절차와 통제 대신 사람을 보고 맥락으로 리드할 수 있다. 이런 기업 문화가 정착되기 위해서 무엇보다도 회사의 기업 문화와 어우러질 수 있는 인재 확보가 필요하다. 사람이 준비되면 통제가 아닌 맥락으로 리드가 가능해진다.

넷플릭스에는 경비 지출에 대한 규칙이 없다. 서로의 솔직함을 믿기 때문이다. 한 가지 규칙이 있다면 그것은 넷플릭스에 이득이 되는지 여부만 따지면 된다. 그럼 경비를 적게 지출해야 회사에 이득이 되는 거 아니냐고? 워워, 그런 근시안적인 생각을 가지고 있다면 넷플릭스의 인재 풀에 합류하기는 어렵다. 회사에 이득이 되는지 여부는 지출되는 금액에 달려 있지 않다. 내 경험을 사례로 들면 될 것 같다.

동료 개발자와 2주간 소프트웨어 인증 업무를 위한 출장을 가게 되었다. 당시 내가 다니던 회사에는 해외 출장 시 숙박 규정이 있었다. 당시 출장 지역이었던 중국 베이징의 경우 100불의 숙박 요금 제한이 있었고, 2인 이상 출장을 가는 경우 2인 1실이 사내 규칙이었다. 당시 불면증이 심했던 터라 예외적으로 1인 1실을 쓰는 게 가능한지 관리 부서에 문의했다. 잠을 잘 못 자서 일을 제대로 못하면 되려 회사에 손해일 수 있으니, 회사에서도 예외를 인정해 줬다. 작은 회사이니 충분히 융통성을 발휘할 수 있는 부분이었다. 동료 개발자 역시 선임자와 불편하게 한 방에서 생활하지 않아도 되니 좋다고 했다.

그런데 문제가 있었다. 회사에서는 1인 1실은 가능하지만 2인 출장 시 숙박 요금은 100불을 초과할 수 없으니, 인당 50불 이상은 지불할 수 없다고 했다. 방을 두 개를 잡든 세 개를 잡든 숙박 요금 규정만을 지키면 된다는 것이었다. 우리는 50불짜리 숙소를 찾아 도시를 뒤졌고, 결국 근무지에서 차로 1시간 떨어진 여인숙 수준의 호텔을 구할 수 있었다. 당시 출장 시 교통요금에 대한 한도 규정은 없어서, 우리는 매일 아침 버스를 타고 근무지에 가서 늦은 밤까지 일을 하고 택시를 타고 숙소로 돌아왔다. 열악한 숙소에서는 소음과 모기 때문에 잠을 설치고, 출퇴근 시에는 교통 체증에 시달리며 일할 시간을 까먹었다.

출장에서 돌아와 교통비와 숙박비를 포함한 출장 경비를 정산해 보니 원래 숙박하기로 했던 근무지 근처의 호텔에서 1인 1실로 묵었을 경우와 별반 차이가 없는 금액이 나왔다. 이 사용 금액에 대한 관리부의 입장은 규정에 위배되는 것이 없으니 아무런 문제가 없다는 것이었다. 규정을 위한 규정 그 이상도 그 이하도 아니었다. 출장 복귀 후 경영진과 관리팀에 강력하게 규정을 개정할 것을 요구했다. 회사 업무를 최우선적으로 고려해서 현지에서 결정할 수 있도록, 즉 회사에 궁극적으로 가장 이득이 되는 결정을 하자는 것에 합의했다.

지금의 넷플릭스와 마찬가지 규정에 도달한 것이다. 하지만 그 이후에도 경비에 대한 잡음은 계속되었고, 규칙이 장애가 되는 상황은 끊이지 않았다.

솔직히 그리 간단한 문제는 아니다. 규칙이 없는 경우 회사에 가장 이득이 되는지 여부를 결정할 때 개인이 내리는 판단이 정말 이성적이고 합리적이기만 할까? 넷플릭스도 처음부터 순탄하게 규칙 없음이라는 규칙이 정착되었던 것은 아니다. 잡음도 많았고, 갈등 역시 적지 않았다. 개인의 이득을 위해서 규칙 없음을 악용한 직원은 가차없이 내보냈고, 솔직한 기업 문화의 정착을 위해 CEO인 리드 헤이스팅스를 비롯한 경영진이 솔선수범했다. 일류 기업에서는 점점 통제를 줄이고 개인의 주도성을 최대한으로 발휘하게 하는 전략을 취하고 있다. 개인의 솔직함과 회사의 솔직함 두 가지 모두 충족되지 않으면 불가능한 일이다.

직원 각자의 자유, 즉 자기가 그 일을 하는 솔직한 이유가 회사의 솔직한 이유, 즉 회사의 진짜 비전과 만날 때 진짜 기업 문화가 탄생한다. 엔론처럼 로비에 걸어 놓은 가짜 비전과 속 빈 기업 문화가 아닌 진짜 기업 문화 말이다. 과연 그런 회사가 몇이나 될까? 넷플릭스가 그런 회사라고 단언할 수는 없지만 그런 회사가 되기 위한 시도들은 마땅히 계속되어야 한다.

P.S. 쓰고 보니 나와는 아무런 관련도 없는 회사를 너무 추켜세운 것 같은 생각이 든다. 오해하지 말자. 넷플릭스가 단점이 없는 완벽한 회사라는 것이 아니다. 아무리 좋은 회사라도 단점이 있고, 단점이 장점을 넘어서면 회사가 망하는 것은 순식간이다. 지금 잘 나가고 있는 회사들을 한번 잘 지켜보자. 그들이 내세우는 멋진 비전과 가치를 진정 오랫동안 지켜 나갈 수 있을지 말이다.

우분투: 개방과 공유
그리고 자유

한 개의 촛불로 많은 초에 불을 붙여도
처음 촛불의 빛은 약해지지 않는다.

탈무드

미국 듀크 대학 경제학 교수 댄 애리얼리의 <상식 밖의 경제학>을 보면 다음과 같은 실험이 나온다.

실험진은 상점에 두 가지 종류의 초콜릿을 구비해 놓고 사람들이 어떤 제품을 사 가는지 관찰했다. 15센트짜리 고급 초콜릿과 1센트짜리 저가 초콜릿 두 종류였다. 열에 아홉은 저가 초콜릿은 거들떠보지 않고 15센트짜리 고급 초콜릿을 구매했다.

이제 실험진은 두 초콜릿의 가격을 조정했다. 고급 초콜릿은 14센트로 하고, 저가 초콜릿에는 0센트라는 가격을 매겼다. 어떤 일이 벌어졌을까? 이전과 가격 차이는 똑같이 14센트였지만, 실험의 결과는 완전히 바뀌었다. 사람들은 열이면 열 모두 저가 초콜릿을 집어가고 고급 초콜릿은 사지 않았다.

이 실험의 결과를 절대적으로 받아들이기는 어렵지만, 사람들이 공짜를 좋아하는 것은 사실이다. 댄 애리얼리는 제로, 즉 0은 단순한 가격이 아닌 감정을 극렬히 자극하는 버튼이자, 비이성적 흥분을 일으키는 원칙이라고 말했다.

공짜는 사실 공짜인 이유가 있다. 싼 게 비지떡이라는 말도 있다. 그런데 이것은 소프트웨어 세계에서만큼은 절대적이지 않다. 공짜로 사용할 수 있는 양질의 소프트웨어가 적지 않다. 불법 복제 소프트웨어를 말하는 것이 아니다. 자유롭게 사용할 수 있는 프리웨어^{freeware}와 수정도 가능한 프리 소프트웨어^{free software}의 수가 점점 늘어나고 있다. 품질이나 성능 역시 비싼 상업용 소프트웨어에 뒤지지 않는 것들이 많다.

프리웨어는 코드 공개 여부와 상관없이 무료로 제공되는 소프트웨어 실행 파일^{binary}을 말한다. 무료로 다운로드할 수 있지만, 특정 서비스를 사용하기 위해 비용을 지불해야 하는 형태의 소프트웨어 형태가 많아졌는데 이를 프리웨어라고 볼 수는 없다. 프리웨어는 상업성과 완전히 무관해야 한다. 프리 소프트웨어는 공짜의 개념보다는 자유에 초점을 맞춘 것이다. 당연히 무료로 사용 가능하다. 프리웨어와 차이점은 소프트웨어의 소스코드를 자유롭게 사용할 수 있는 것이다. 프리웨어의 프리가 공짜를 의미한다면 프리 소프트웨어의 프리는 자유를 의미한다.

프리 소프트웨어 옹호론자들은 마이크로소프트와 같은 특정 기업이 소프트웨어 생태계를 독점하는 것에 반대한다. 대표적인 프리 소프트웨어 조직이 자유소프트웨어재단^{FSF}이다. 자유 소프트웨어 진영에서 고수하는 공짜 철학은 그들이 만들어 낸 소프트웨어에도 그대로 반영이 되어 왔다. 리눅스 배포판인 우분투*의 프로그램 설치 서비스의 이름은 당초 우분투 스토어^{Ubuntu Store}였다. 그런데 사용자들이 스토어라는 이름이 상업적인 냄새가 난다고 불만을 표출했다. 스토어는 돈을 주고 무엇인가를 사는 곳이므로 공짜 철학과 맞지 않는 이름이라는 것이었다. 결국 다음 우분투 배포 버전에서 우분투 스토어라는 이름은 우분투 소프트웨어 센터^{Software Center}

---

* 우분투(Ubuntu)는 영국 기업 캐노니컬이 개발, 배포하는 컴퓨터 운영 체제이다. 데비안 리눅스를 기반으로 개발되며, 데비안에 비해 사용 편의성에 초점을 맞춘 리눅스 배포판이다.

로 바뀌었다.

우분투 소프트웨어 센터

프리 소프트웨어와
오픈소스

················

　　프리 소프트웨어가 하나의 정신이자 모토라면 오픈소스는 방법
론이다. 지금 이 순간에도 많은 프로그래머들이 깃허브^{Github}와 같은 소스
코드 공유 플랫폼에 자신들이 만든 코드를 올리고 있다. 오픈소스는 개방
과 협업의 가치에 중점을 둔다. 이것은 소프트웨어 태동기부터 많은 프로
그래머들이 고수했던 신념이었다. 1970년대 이전에는 소프트웨어는 코드
부터 실행파일까지 무료로 공유하고 사용하는 것이 보편적이었다. 당시
소프트웨어라는 것은 하드웨어의 번들 개념으로 제공되는 일종의 도구에
불과했다. 기업들 역시 하드웨어를 팔아서 돈을 벌었고 소프트웨어는 무

료로 배포했다. 하지만 마이크로소프트를 필두로 한 소프트웨어 전문 기업들이 등장하면서 패러다임은 바뀌기 시작했다. 소프트웨어를 돈을 받고 팔기 시작했다. 실행파일은 무료로 제공했지만, 수정을 위해 소스코드가 필요한 경우 단계별로 비용을 지불하는 방식도 보편화되었다. 소프트웨어 라이선스의 개념이 등장했고, 소프트웨어를 창작물로서 그 저작권을 보호해야 한다는 인식이 우세해지기 시작했다.

여기에 반기를 든 사람이 FSF를 창립한 리처드 스톨먼이었다. 스톨먼은 소프트웨어는 사적으로 소유되는 수단이 되어서는 안 된다고 생각했고, 문명의 발전을 위해서라도 누구나 자유롭게 소스코드를 사용할 수 있어야 한다고 생각했다. 이것은 1960년대 MIT에서 시작한 해커 문화의 기본 정신이었다. 해커 커뮤니티의 핵심 가치는 모든 정보는 무료여야 한다는 것이었다.

이후 마이크로소프트와 같은 기업들과 FSF를 필두로 한 자유 소프트웨어 진영 간의 전쟁은 오픈소스가 보편화되기 전까지 치열하게 전개되었다. 빌 게이츠는 소프트웨어의 저작권의 중요성을 부르짖으며 소프트웨어를 무단으로 사용하는 것은 불법이라고 주장했다. 그런데 아이러니하게도 마이크로소프트의 소프트웨어들은 그 불법 복사를 통해 폭넓게 보급된 결과 업계 표준이 될 수 있었다. 첫 번째 실례가 마이크로소프트의 베이직 프로그램이다. IBM이 IBM PC용 베이식의 제작을 외부에 의뢰할 때 마이크로소프트를 선택한 이유는 마이크로소프트 베이식이 시장에 가장 많이 보급된 프로그래밍 언어였기 때문이었다.

자유 소프트웨어 진영은 상업성과 이윤에 대한 기업의 탐욕이 정보 공유를 가로막고 그 결과 개인의 자유를 구속하고 인류의 발전을 저해하고 있다고 주장한다. 소프트웨어 저작권을 옹호하는 진영에서는 저작권에 대한 인정과 보호가 더 창조적인 소프트웨어의 개발을 이루어 낼 수 있다고 맞받아친다. 이 치열한 대립은 오픈소스가 전세계적으로 활성화되면서 그 양상이 변하기 시작했다. 세계 유수의 IT 기업들이 오픈소스의 파급력을 깨닫고 오픈소스를 통한 이윤 창출에 뛰어들었다. 구글의 안드로이드 Anroid, 삼성의 타이젠Tizen, LG의 웹오에스WebOS가 대표적인 오픈소스 플랫폼이다. 이것들은 오픈소스를 표방하지만 기업의 소유다. 소스코드는 공개되어 있지만 사용에 제약이 따른다. 자신들에게 맞는 오픈소스 라이선스를 만들어서 개인적으로 사용하는 여러 부분에 제약을 가한다. 개방과 협업의 가치를 옹호하는 듯 오픈소스의 껍데기를 쓰고, 실제 소프트웨어에 대한 독점적인 권한을 가짐으로써 가장 큰 열매를 독식하는 것이다. 이것을 잘못되거나 그릇된 방식이라고 볼 수는 없다. 하지만 자유를 최고의 가치로 두는 자유 소프트웨어 진영의 논리로 재단하자면 이 역시 소프트웨어 사용자의 자유를 침해한다고 볼 수 있다.

사실 무엇이 옳고 무엇이 그른가는 딱 잘라 말할 수 없다. 각자가 자기가 옳다고 믿는 신념이 있고, 그 근거가 명확하다면 되지 않을까? 오픈소스를 통한 소프트웨어 개발은 앞으로도 대세일 것이다. 기업들 역시 오픈소스를 활용하여 자신들의 이익을 늘릴 방법을 계속 모색할 것이다. 소프트웨어에 있어 개방과 공유, 자유의 가치를 믿는 이들은 오픈소스 커뮤니티를 통해 자신들의 신념을 계속 펼쳐 나갈 것이다. 소프트웨어 생태계는 치열하게 변화하고 확장될 것이다. 소프트웨어는 기술의 영역으로 치부되지만 예술과 마찬가지로 다양성과 개방성 없이는 발전할 수 없다. 소프트웨어는 상품으로서의 가치만 가지고 있지 않다. 이제 소프트웨어 없이 이 세계는 구동되지 않는다. 소프트웨어 역시 의학, 과학 기술처럼 공공재가 되어 가고 있다.

네가 있기에
내가 있다

....

    1960년대 MIT의 해커들은 자신이 만든 코드나 테크닉이라도 다른 이들이 자유롭게 쓸 수 있도록 해 주었다. 다른 해커가 정성 들여 만들어 놓은 코드와 기법은 또 다른 해커에 의해 보완되고 발전할 수 있었다. 이와 같은 문화는 현재 여러 오픈소스 커뮤니티에서 활발하게 이어져 오고 있다. 사리를 추구하지 않는 공적인 분야에서 많은 프로그래머와 개발자가 자신의 지적 성취와 자산을 공유하고 있다. 그런데 회사와 같은 업의 장으로 가면 상황이 좀 달라진다. 공적으로 제공해야 하는 산출물 외에는 선을 긋는 개발자들이 있다. 꼭 보여 줘야 하는 것 말고는 굳이 보여 줄 필요가 없다는 배타적인 태도가 존재한다.

소프트웨어 개발에서 공유할 수 있는 것들이 꼭 코드나 문서와 같은 것들만 있지는 않다. 개발을 하다 보면 습득하게 되는 업무 효율을 높이는 소소한 팁들과 노하우들이 있다. 자료들을 잘 정리해 놓은 사이트나 기술 자료의 위치 같은 것들도 마찬가지다. 하다못해 소스코드 에디터의 단축키 같이 하찮은 것도 역시 어떤 사람에게는 긴요한 정보가 될 수 있다. 자신이 알고 있는 것들을 다른 이들과 적극적으로 나누는 사람이 있는가 하면, 내가 힘들게 얻은 정보니까 나만 알고 절대 다른 사람에게 알려주지 않겠다는 마음을 가진 사람도 있다. 어떤 팀원이 코드에서 버그를 찾아서 자신이 맡은 모듈에만 적용하고 아무런 공유도 해 주지 않으면 어떻게 될까? 다른 모듈에 존재하는 동일한 버그 때문에 다른 팀원들이 불필요한 시간을 허비하게 된다. 실제로 빈번하게 발생하는 일이다. 같은 팀인데도 이러면 정말 곤란하다. 다른 팀원들을 연말 고과를 위해 다투는 경쟁자로 인식하는 것인지 아니면 단지 친하지 않아서 그런 건지 모르겠다. 개인적인 성향 탓일 수 있다. 개인적인 문제가 아닌 조직적으로 공유하고 함께 하는 개발 문화가 정착되어 있지 않아서일 수도 있다. 하지만 모두가 핑계에 불과하다.

문제가 되는 상황들을 보면 상황을 개선하고자 하는 일말의 노력도 없는 경우가 대부분이다. 조직적인 차원에서의 노력, 개인적인 차원에서의 노력 모두 필요하다. 내가 주면 나도 언젠가는 받는다. 설령 언젠가 받지 못할지라도 내가 준 것은 팀에 보탬이 된다. 팀이 잘 되면 나도 잘된다는 인식과 문화가 필요하다. 개방과 공유는 외부가 아닌 내부에서 먼저 활성화되어야 한다. 그것은 개인과 팀 모두에게 자유를 가져다준다. 자유는 한계와 제약으로부터 벗어나 더 나은 가치를 추구하는 것이다. 함께 일을 하는 하나의 팀One Team에 있어서 자유란 결코 개인 간의 격리를 말하지 않는다. 서로서로 맞잡은 손을 통해 더 큰 성취를 만들어 낼 수 있는 희망과 에너지는 더욱 커질 수 있다.

우분투!

아프리카의 한 부족을 방문한 한 남자가 부족의 아이들이 모여 놀고 있는 곳을 찾았다. 한가득 사탕 바구니를 든 남자는 아이들에게 한 가지 제안을 했다. 남자는 저 멀리 보이는 나무까지 먼저 도착하는 아이에게 그가 가진 사탕 바구니를 주겠다고 말했다. 그리고 남자는 사탕 바구니를 들고 나무에 앉아 기다렸다.

잠시 후 아이들이 뛰어오는 것이 보였다. 이상한 광경에 남자는 자리에서 일어났다. 먼저 뛰어오는 아이 없이 모두 손을 잡고 천천히 뛰어오는 아이들의 모습이 눈에 들어왔다. 나무에 도착한 아이들에게 남자가 물었다.

"1등으로 오면 사탕 바구니를 독차지할 수 있는데 왜 함께 손을 잡고 온 거니?"

그러자 아이들이 한 목소리로 대답했다.

"우분투(Ubuntu)!"

가장 나이가 많아 보이는 한 아이가 남자에게 말했다.

"모두 함께 나눠 먹을 수 있는데, 왜 혼자 독차지해야 하는 거죠?"

우분투는 아프리카 반투족의 말로 **"네가 있기에 내가 있다**I am because you are**."** 의 뜻이다. 소프트웨어 개발자들에게는 리눅스 배포판의 이름으로 더 유명하다. 오픈소스 정신은 개방과 공유이지만, 개방과 공유는 단지 수단이며 방법일 뿐이다. 그 안에 내재된 더 깊은 신념은 '타인을 향한 인간애 humanity to others'다. 한 개의 촛불로 다른 촛불을 켠다고 해서 촛불의 빛이 약해지지 않는다. 오히려 빛은 훨씬 밝아진다.

더 좋은
개발팀 만들기

이제 AI를 이길 수 있는 소프트웨어의 마지막 단계다. 인문학에 기반한 통찰력을 기르고 일의 우선순위를 판단하고 무용한 것들로부터 유용함의 가치를 찾는 일은 인간만이 할 수 있다. 자신의 무지를 확실히 인지하고 점진적 개선의 가치를 믿는 것 역시 그렇다. 하지만 이런 것들은 모두 개인적인 차원의 일이다. 이제 성공적인 소프트웨어 개발의 열쇠는 협업에 있다. 플랫폼과 프로세스를 도입하고 커뮤니케이션의 질을 높여야 하는 이유는 협업을 해야 하기 때문이다.

소프트웨어 개발자 중에는 간혹 '내 일만 잘 하면 돼!'라는 생각을 가진 사람들이 있다. 페어 프로그래밍이나 코드 리뷰와 같이 함께 하는 코드 구현 활동들도 있지만 기본적으로 프로그래밍이라는 것이 혼자 하는 것이다 보니 이런 생각들을 하게 된다. 각자가 맡은 바 일을 잘 할 때 전체가 잘 돌아간다는 점에서 맞는 말이지만 크게 볼 때 잘못된 생각이다. 코딩은 혼자 할지 모르지만 소프트웨어 개발은 함께 하는 것이다. 성공적인 소프트웨어 개발을 위한 궁극적인 메타 플랫폼이 바로 팀이다.

동기화
(Synchronization)

··················

세계 최초의 프로그래머였던 에이다 러브레이스가 1842년 찰스 배비지의 해석기관을 위한 알고리즘을 작업한 이래 소프트웨어의 복잡도는 기하급수적으로 증가해 왔다. 이제 협업 없이 소프트웨어 개발은 불가능하다. 소프트웨어 규모가 커질수록 프로젝트 팀의 규모도 커진다. 팀원의 수를 n이라고 할 때, 의사소통의 경로 수는 n(n-1)/2이 된다*. 즉 팀원이 한 명 늘어날 때마다 의사소통의 경로 수는 제곱의 비율로 증가한다. 이것은 문제 해결을 위해 끊임없이 소통해야 하는 팀 내부에 다양성 이슈가 존재할 수밖에 없다는 얘기다. 다양성이 커질수록 서로 다른 생각을 가질 수 있는 가능성은 커진다. 갈등을 피하지 않고 토론하는 문화가 정착되어 있지 않다면 같은 목표를 바라보기 어려워진다. 주어진 목표라는 하나의 관념만을 맹목적으로 추종하는 대신 갈등과 차이를 이해하고 좁히려는 노력이 선행되어야 한다.

팀의 우선적인 목적은 개발 목표의 달성이 아닌 팀원들의 목표를 일치시키는 것이다. 개발 목표의 달성은 당연한 것이다. 그것은 팀이 아니어도 달라지지 않는다. 굳이 팀으로 모아 놓을 필요가 없이 여기저기 흩어진 개인들이 협업하게 해도 된다. 분산 협업 방식이 팀인가 아닌가를 나누는 기준이 될 수는 없으나 팀의 특징은 융합으로 발생하는 에너지, 즉 시너지를 낼 수 있느냐 없느냐에 있다. 서로가 이해타산이 맞아서 모여서 협력하는 것을 팀으로 볼 수는 없다. 팀은 같은 비전을 공유해야 한다. 같은 비전을 공유하기 위해서는 팀 내부에서 개개인의 중단기 목표를 팀의 비전과 장기 목표에 일치시키는 동기화 과정이 끊임없이 이루어져야 한다. 그렇게

* 스크럼의 창시자 제프 서덜랜드가 팀 크기에 따른 의사소통의 경로 수를 계산해 낸 공식

하기 위해서는 양방향 커뮤니케이션과 솔직하고 배려 있는 피드백은 필수다 넷플릭스의 솔직한 커뮤니케이션 문화를 기억하자.

팀의 일차적인 목적이 팀원들의 목표를 일치시키는 것이라면, 커뮤니케이션의 일차적인 목적은 의견을 일치시키는 것이 아니라 의견의 차이를 확인하는 데 있다. 팀원들이 업무를 처리하는 방식이나 결과가 팀 전체의 방향이나 리더의 기대와 매번 일치하기는 쉽지 않다. 지속적인 커뮤니케이션이 필요한 이유는 팀원들 사이의 생각의 차이를 정확하게 밝히는 것에 있다. 서로의 차이점을 확인하고 이를 절충하여 최선안을 만들고 이것을 달성하고자 하는 팀의 목표에 꾸준히 동기화시키는 것이 팀이 해야 할 첫 번째 일이다.

동기화가 잘 이루어지려면 팀에 소속감을 심어주는 일은 필수다. 한 번에 여러 개의 팀에 소속된 상태로 모든 팀에서 소속감을 느끼고 최고의 활약을 할 수 있는 플레이어는 흔치 않다. 많은 회사의 연구개발 조직을 보면 특정한 전문가 그룹이 존재한다. 이 전문가 팀은 하나의 팀으로 단일 프로젝트를 수행하는 것이 아니라 다른 프로젝트 팀에 소속되어 해당 전문 분야의 일을 지원해 주는 역할을 한다. 일은 프로젝트 팀원들과 하지만 부서는 전문가 그룹에 속해 있다. 회식은 전문가 그룹에서 하는데, 일은 프로젝트 팀에서 하므로 팀으로서의 정체성이 확립되기 어렵다. 단결된 팀 내부에서 발생하는 긴밀한 상호작용은 실상 배타성을 지니고 있다. 이 배타성은 팀원들 간의 일상적인 관계로부터 나온다. 다시 말해 응집된 팀의 구성원들은 일을 할 때나 일을 하고 있지 않을 때나 팀으로서의 소속감을 가지고 있다. 이것은 오프라인 팀이 필요한 이유이기도 하다.

후달리기가 아닌
달리기

....

　　　각 팀원이 유기적인 인터페이스로서 최고의 성과를 올리기 위해서는 각자의 능력치를 최대로 이끌어 내는 것이 필요하다. 팀원들이 일을 잘 할 수 있는 여건을 마련해 주고 각 개인이 각자의 강점을 발휘할 수 있도록 해 주어야 한다. 여건과 환경을 조성해 주는 것은 관리자의 책무이고 개인의 강점을 이끌어 내는 일은 팀 리더의 책무다. 통상적으로 관리자의 역할이란 일을 잘 할 수 있는 여건 조성에 큰 비중이 있고, 리더는 팀원의 강점을 이끌어 내는 것에 그 역할의 비중이 크다.

개인 역시 마찬가지다. 자신을 관리한다는 것은 자신이 가장 성과를 낼 수 있는 환경을 스스로 조성하는 것이고, 개인 경영이란 자신의 강점을 이끌어 내고 발전시켜 가치를 만들어 내는 것을 말한다. 프로젝트 운용에서 팀원이 재능을 충분히 발휘하여 성과를 내게 하려면 가장 자기다운 방식을 택하도록 도와주어야 한

달리기? 후달리기?

다. 소설가 김연수는 그의 책에서 '다른 사람의 강요로 억지로 달리는 것'을 '후달리기'로, 스스로 '달리고 싶어 달리는 것'을 '달리기'로 표현한 바 있다. 후달리지 않고 힘차게 달리기 위해서는 동기화, 소속감 그리고 환경과 여건의 조성 모두 필수적이다.

스스로 달리게 하기 위해서는 하향식 관리가 아닌 상향식 관리로 전환이 되어야 한다. 상향식 경영 철학의 기본 개념은 권한을 위임하는 것이다. 맡은 소프트웨어 모듈의 설계에 담당자가 적극적으로 관여하고, 개발 일정

역시 스스로 챙기게 하는 것이다. 이제껏 팀과 개인의 성과를 측정하고 관리하는 것은 하향식으로 이루어져 왔다. 하향식 관리의 맹점은 성과에만 초점이 맞춰져서 장기적으로 팀의 단합을 해치고 시너지를 망가뜨릴 수 있다는 것이다. 성과 관리가 아닌 과정의 관리가 필요하다. 성과 관리는 흔히 KPI*로 이루어지는데, 여기에는 결과만이 두드러진다. 반면 구글과 같은 회사에서 채택하고 있는 OKR**은 개인의 주도성과 과정을 중요시한다. 성과와 결과 역시 중요하지만 결과에 이르는 과정도 마찬가지로 중요하고 그 과정에 실무자의 주도성이 부각되는 것이 상향식 관리의 특징이다. KPI가 하향식 관리의 전형이라면 OKR은 상향식 관리의 전형으로 볼 수 있다.

다시 배려:
사람에게 달려 있는 일

....

다시 강조해도 지나침이 없다. AI를 이길 수 있는 소프트웨어의 첫 번째 열쇠가 창조성이라면 마지막 열쇠는 함께 하는 힘에 있다. '함께'라는 단어는 배려와 이음동의어다. 성공적인 팀에서는 개인의 태도와 행동에 배려가 스며든다. 팀의 화합을 위해서 서로가 서로를 위한 배려는 필수적이다. 배려는 인간관계에서 중요한 것들 중 하나로, 팀 내부에서 그 중요성은 다시 한번 강조된다. 사려 깊은 마음, 나누려는 마음과 태도는 상생을 위한 필수 덕목이다. 배려는 마음을 떠나 행동으로 이어질 때 더 큰 힘을 발휘한다. 다른 팀원들보다 조금만 일찍 와서 자리를 정돈하는 일, 개인

---

* 핵심성과지표(KPI: Key Performance Indicator): 실적 평가를 위한 일종의 채점표와 같다.
** Objective and Key Results. 인텔에서 시작되어 구글을 거쳐 실리콘밸리 전체로 확대된 성과 관리 기법. 조직적 차원에서 목표를 설정하고, 결과를 추적할 수 있도록 해주는 목표 설정 프레임워크

적인 문제가 생긴 팀원에게 먼저 전화해서 별일 없는지 물어보는 일들은 사소하면서도 큰 배려의 행동들이다. 꼭 해야 하는 일들이 아님에도 팀을 위해 자발적으로 봉사하는 것도 배려의 중요한 부분이지만 각자 맡은 역할을 수행하고 약속을 지키는 것은 아주 기본적인 배려. 가끔은 태초부터 이런 배려심을 안 가지고 태어난 팀원들과 일하는 경우도 있다. 원칙적으로 이런 사람들은 팀에 부적합하다.

부적합한 사람을 적합하게 만들려고 노력하는 것은 낭비다. 처음부터 적합한 사람을 버스에 태우고 부적합한 사람은 내리게 하는 일이 제대로 굴러가는 팀을 만드는 길이다. 사람이 먼저라는 것을 모든 경영자들이 소리 높여 말하지만, 실제 그 중에 적합한 사람을 알아보는 경영자는 드물고, 또한 적합한 사람을 적합한 자리에 앉히는 경영자 또한 드물다. 여전히 대부분 기업에서는 일이 먼저고 그 다음이 사람이다. 적합한 사람을 적합한 자리에 앉히는 것이 바로 경영인데 말이다.

<Good to great>에서 짐 콜린스는 사람이 먼저고 그 다음에 할 일을 생각해야 한다고 말한다. 부적합한 사람들이 팀에 합류하면 팀은 자주 곤란한 상황에 직면하게 된다. 기다리게 되고, 늦어지고, 대안을 찾게 된다. 부적합자들에게 주게 되는 몇 번의 기회는 팀의 기회를 빼앗는다. 콜린스는 부적합자가 오히려 다른 곳에서 다른 일을 하면서 재능을 발휘할지도 모르는 그 시간 또한 빼앗고 있는 것이라고 말한다. 직장인들이라면, 협업을 한 경험이 있는 개발자라면 비슷한 경험이 있을 것이다. 서로가 아닌 것을 알면서도 이를 애써 부정하고 막연한 희망으로 모두의 시간을 소모해 버리고 마는 그런 상황들 말이다. 여기서 말하는 적합도는 업무나 기술의 수준이나 종류가 아니다. 조직이 지향하는 가치와 비전에 부합하는지 여부다. 조직이 액자 속의 비전이 아닌 진짜 비전을 가지는 것이 먼저라는 것은 두말할 필요도 없다. 이를 결정하는 가장 큰 요인은 결국 개인의 인격과 태도다. 그리고 그것은 배려라는 형태

로 외부에 드러난다.

모든 것이 그렇듯이 정도의 문제로 귀결되기 마련이다. 이 세계에는 완벽한 악인도 완전무결한 선인도 없다. 어느 정도 사회생활을 할 수 있는 기본적인 배려심은 있지만, 순간의 욕망에 의해 기본적인 배려를 저버리는 사람들 역시 흔하다. 이럴 때 필요한 것이 바로 팀의 규칙이다. 팀의 목표와 존속을 위해 강제성이 도입되는 것이다. 모두가 법을 잘 지키고 살면 종래에는 법이 필요 없어지겠지만, 사람 사는 세상은 그렇지 않다. 극히 일부라 할지라도 팀을 개인의 도구로 삼거나 다른 팀원들의 배려를 악용하는 불량 팀원이 있을 수 있다. 이런 팀원들은 팀이라는 버스에서 하루라도 빨리 하차를 시키는 것이 바람직하다. 하지만 현실적으로 그렇게 불량 팀원을 골라서 퇴출시키는 일은 쉽지 않다. 인간이란 극히 미미하더라도 악하거나 유약한 기질을 가질 수 있고 그 기질들은 특정한 경우 행동으로 이어질 수 있기 때문이다. 팀의 목적을 위해 모두가 솔선수범하고 서로가 서로를 배려하는 이상적인 팀을 꿈꾸지만 현실은 그렇지 않기에 최소한의 규칙이 필요한 것이다. 규칙 역시 최소한의 융통성을 가져야 한다. 항상 규칙과 프로세스만을 밀어붙일 수는 없다. 준법성과 완벽에 대한 강박적이고 지나친 집착은 조직을 얼음 파편처럼 깨뜨릴 수도 있다. 사람들 사는 세상에서 관행이라는 것은 불합리해 보여도 조직의 존속을 위해 용인되어야 하는 경우도 있다.

조직이나 팀이라는 것은 추상적인 것이다. 결국 사람이다. 좋은 동료들이 결국 훌륭한 팀이고 훌륭한 직장이다. 우리 팀은 훌륭한 팀인가 묻기에 앞서 먼저 나는 좋은 동료인가 묻는 것이 맞는 수순이다. 그리고 더 좋은 팀이 되기 위해 그 질문들은 언제까지나 계속되어야 한다.

100%로 가는 길

사람이 끝났다고 생각하는 순간에 그분은 시작하시며,
사람이 쉬어야겠다고 생각하는 순간에 그분은 일을 시작하신다.

성경

이 책을 집필하는 동안 스스로에게 꾸준히 던졌던 두 가지 질문이 있었다.

하나는 이 책에 쓰여진 가치들이 보편적인 것들인지에 대한 질문이었다. 인문학이라는 것이 정답이 없고, 주관적이라고 하지만 오차나 비효율을 터부시하는 소프트웨어 개발의 세계에서 볼 때 여전히 뜬구름 잡는 이야기처럼 보이는 것들도 있지 않을까 싶다. 100% 자신할 수는 없지만 내 경험과 내 이상이 그렇다고 말하는 것들을 쓰고자 했다. 동의하거나 공감하기 어려운 대목들도 있으리라 생각한다. 한 개인의 생각이 전적으로 옳을 수는 없다. 반론과 이견은 당연하다. 타인의 생각을 받아들이고 자신의 생각을 재정립하는 정반합의 과정이 꼭 필요하다. 이 책에서 다루는 어떠한 논점에 대해 긍정이든 부정이든 아니면 전혀 새로운 생각이든 간에 독자가 자신의 생각을 정립했다면 이 책의 첫 번째 역할은 다한 것이다.

다른 또 하나의 질문은 수많은 페이지에 적혀 있는 문장들이 정말 내 골수에서 나온 것인지에 대한 것이었다. 단지 머리에서 나와 피 한 방울 묻지 않은 채로 쓰여지는 누구나 말로는 떠들 수 있는 공자님 말씀 같은 것들은 아닌지 되돌아봐야만 했다. 바람직한 이상을 부르짖는다 한들 실제 내가 그 가치들에 얼마나 부합하고 있는지 자꾸만 스스로에게 자문할 수밖에 없었다. 어떤 글에는 내 생각과 경험이 지독하게 묻어 있지만, 또 어떤 글은 내 것이라기보다는 내 것이기를 바라는 이상에 불과한 것들도 있다. 난 소프트웨어 업계에서 대외적으로 인정받는 명사도 아니고, 인문학계에서는 아무런 성취도 없다. 그래서 이 책의 집필을 요청받았을 때 적지 않은 고민이 있었지만 내가 할 수 있는 이야기, 하고 싶은 이야기를 적다 보니 어느덧 책의 말미에 이르렀다.

나는 내 분야에서 쌓아온 실력과 경험 그리고 자부심이 있다. 그리고 순간순간 만나는 인문학적 깨달음을 내가 하고 있는 일과 조직에 연결시키고자 하는 의지와 꿈이 있다. 두껍고 재미없는 고전을 애를 써 가며 읽지만 기술이 아닌 인문학이 인류를 구원할 것이라 믿는다. 지금 내 삶에는 기술과 인문이라는 두 가지 요소가 함께 어울리고 있다. 이 책은 새로운 시너지를 만들고자 하는 시도다. 그러한 삶을 살고 그렇게 일하겠다는 선언과도 같다. 책을 쓴다는 것은 내가 내뱉은 글을 보증한다는 것이다. 따라서 내가 쓴 책은 어떠한 분야이건 간에 나 자신이 살아가는 기준이며 지침이 된다. 그래서 저자는 최초의 독자인 동시에 최후의 독자다. 소프트웨어 개발과 사람에 대해 치열하게 고민하고, 그 결과 얻은 인문학적 깨달음을 실천하다 보면 언젠가는 내 삶 역시 내가 써놓은 글들과 일치하게 될 것이다.

누구나 진정으로 원한다면 최고는 아니더라도 대가가 되기 위한 길을 갈 수 있다고 믿는다. 그리고 어떤 분야이건 간에 인문학적 깨달음과 실천은 꼭 필요하다고 믿는다. 기술과 인문은 얼핏 서로 상이한 부분에 걸쳐 있는 것처럼 보이지만, 결국 두 부분은 하나로 만나야 한다는 굳은 믿음이 있었기에 이 책을 쓸 수 있었다. 감자는 끓는 물에 들어가면 물러지지만, 달걀은 오히려 단단해진다. 단단해지기만을 원한다면 감자를 끓는 물에 넣어서는 안 되지만 맛있는 요리를 먹고 싶다면 이야기는 달라진다. 감자와 달걀 두 가지만 조합해도 다채로운 요리가 가능해진다. 우리의 삶 역시 마찬가지다.

대가로 가는 길은 있지만 대가가 되는 종착역은 없다. 소프트웨어를 만들든 원목 가구를 만들든 우리는 모두 과정이라는 것을 거친다. 그 과정에서 오인하지 말아야 할 것은 모든 것이 끝나는 도착점이라는 것은 없다는 것과 우리가 가는 길이 곧게 뻗은 직선이 아니라는 것이다. 완벽한 소프트웨어도, 완벽한 인생도 존재하지 않는다. 단지 100%로 가는 과정만 있을 뿐이다.

길의 끝은 생각하지 않는다. 항상 새로운 시작이다. 매번 새로운 시작을 할 수 있는 힘을 주는 사랑하는 나의 가족 - 유미, 연성, 가령에게 고마움을 전한다.

어떤 개발자가 살아남는가

인문학, AI를 이기는 소프트웨어

출간일 | 2022년 3월 30일 | 1판 1쇄

지은이 | 이경종
펴낸이 | 김범준
기획/책임편집 | 김수민
교정교열 | 이현혜
편집디자인 | 심지혜
표지디자인 | 임성진

발행처 | 비제이퍼블릭
출판신고 | 2009년 05월 01일 제300-2009-38호
주소 | 서울시 중구 청계천로 100 시그니처타워 서관 10층 1060호
주문/문의 | 02-739-0739   **팩스** | 02-6442-0739
홈페이지 | http://bjpublic.co.kr   **이메일** | bjpublic@bjpublic.co.kr

가격 | 17,000원
ISBN | 979-11-6592-145-3